Natuko Hama(浜なつ子)

치바현 출생. 릿쿄(立教)대학대학원 수료. 시카고대학 대학원에 유학.
논픽션 작가. 산케이신문 부인면 담당기자를 거쳐 독립.
저서로 『아시아적 생활』, 『너그럽고 다정한 엉터리 신으로부터의 선물』 등 다수 있음.

Hiroshi Abe(あべ弘士)

1948년 홋카이도 아사히카와시 출생.
25년간 아사히카와 동물원에 근무하면서 수많은 동물들과 만남.
저서에 『폭풍처럼』 (고단샤〈講談社〉출판문화상 그림책 부문 수상, 산케이아동출판문화상 JR상 수상), 『붉은 새』 등 그림책을 중심으로 다수 있음.

옮긴이 김양래

김양래는 1997년 서울에서 출생하여 2010년 경기초등학교를 졸업하였으며 현재 중동고등학교에서 학업에 열중하고 있습니다.
2007년 서부교육청 수학영재과정을 수료하였고, 2010년 고입, 대입 검정고시에 합격하였습니다. 또 같은 해인 2010년에 일본어 능력시험 (JLPT) 1급 및 중국어 신 HSK 2급에 합격하였고, 2011년에는 미국 캘리포니아주 로스엔젤레스의 William Howard Taft 고등학교에서 영어 스피치로 대통령상인 오바마상을 수상하였으며, 2012년에는 한국사능력 검정시험 3급에 합격하였습니다.
평소 지구환경과 동물에 큰 관심을 가지고 있는 김양래는 자연과 생명의 소중함을 감동적으로 그린 이 책을 많은 친구들에게 알리고 싶어, 틈틈이 번역해 놓았던 것을 모아 책으로 발간하게 되었습니다.
앞으로 학업에 더욱 정진하여 지구환경과 인간의 삶의 질 향상에 기여할 수 있기를 바라고 있습니다.

북쪽 동물원에서 들은

12가지 이야기

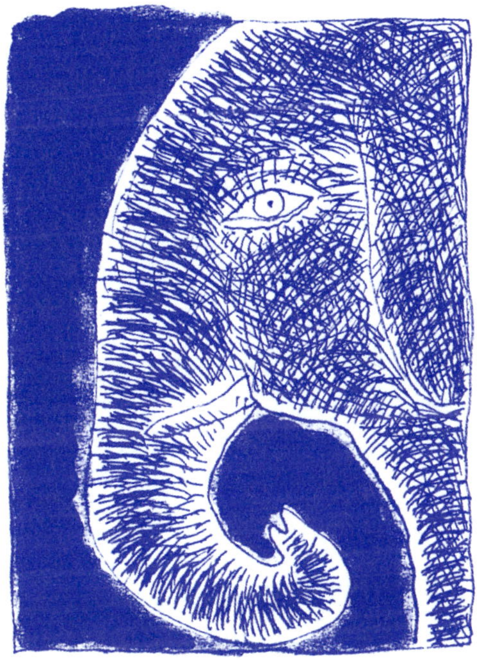

KITANO DOUBUTSUEN DE KIITA JUUNINO OHANASHI
by Natuko Hama, Hiroshi Abe

First published in Japan in 2005 by
KADOKAWA GAKUGEI SHUPPAN Publishing Co.,Ltd,Tokyo.

목 차

목 차

III. 동물원의 위기 _ 75

IV. 웃으며 삽시다 _ 107

서 문

일본의 북쪽 끝 홋카이도(北海道)의 아사히카와(旭川)라는 마을에서 그다지 멀지 않은 곳에 자그마한 산이 있습니다.

바로 '아사히산(旭山)'입니다. 이 산의 경사면을 깎아서 시민을 위한 동물원을 만들었습니다. 이미 오래 전의 일입니다. 작지만 모두가 기다리고 기다리던 동물원이었습니다. 그러나 건물이 점점 낡아가면서 관람객들의 발걸음도 서서히 끊어지게 되었습니다. 하지만 돈이 없어 새로운 건물을 지을 수가 없었습니다. 낡은 동물 우리에서 호랑이나 사자가 당장 뛰쳐나온다 해도 이상할 것이 없을 정도였습니다.

"그런 동물원은 없애버려" 하고 뒤에서 욕을 먹는 것도 다반사였습니다. 그래도 이 동물원에서 일하는 사람들의 마음은 항상 따뜻했습니다. 동물들에 둘러싸여 일을 하는 것이 즐거워 견딜 수가 없었습니다. 그러면서도 매우 진지했습니다.

'어떻게 하면 동물들이 좀 더 즐거워할까?'

'어떻게 하면 동물들을 좀 더 이해할 수 있을까?'

'어떻게 하면 관람객들이 좀 더 즐거워할까?'

모두가 생각하고 생각하고 또 생각하였습니다.

그러는 중에 동물들을 즐겁게 할 아이디어가 떠올라, 그것을 이론으로 뒷받침하여 시의 예산을 얻게 되면서 깜짝 놀랄 만큼 재미있는 시설이 잇달아 만들어졌습니다. 이렇게 되자 동물들도 관람객들도 대만족입니다.

북쪽 지방의 변두리에 있는 동물원은 이제 반짝반짝 빛나는 동물원으로 다시 태어나게 된 것입니다. 전국에서 많은 관람객들이 일부러 아사히산까지 찾아오기 시작하였습니다.

여기에서 말하려고 하는 열두 가지 이야기는 아사히산 동물원에서 일하는 사람들이 다양한 동물들과의 만남을 통해 생각하고 느꼈던 것들을 간추린 에센스입니다. 그것은 어쩌면 동물들로부터 받은 "무언(無言)의 선물" 인지도 모릅니다. 그래서 지혜와 분노, 신기함으로 가득차 있습니다.

동물원에는 수백 종류의 동물들이 있습니다. 다양한 색이나 형태, 특징을 가진 동물들을 관찰하는 사이에 동물에게는 다양한 생활방식이 있다는 것을 깨닫게 되었습니다. 우리 인간은 4,000 종류의 포유류 중 1종류에 지나지 않습니다. 포유류만을 놓고 보아도 인간의 생활방식은 약 4,000분의 1밖에 되지 않습니다.

동물들은 분명히 이렇게 속삭일 것입니다.

"인간들! 그렇게 잘난 척하다가는 재미없는 동물이 되어버릴 거예요."

왜 아사히산 동물원에 많은 사람들이 모이는 걸까요?

그것은 아마 이 동물원에서는 사람들이 잘난 척하지 않기 때문이라고 생각합니다. 동물들은 잘난척 하지 않는 사람을 신뢰하고, 사람 역시 본래는 잘난척 하지 않고 다른 동물들이나 식물들과 함께 살아가려고 하기 때문입니다.

잘난 척하지 않는 인간과 동물들의 이야기를 들어 보세요.

역자 서문

제가 이 책을 만나게 된 것은 큰 행운이었다고 생각합니다.

저는 이 책을 통해 인간의 따뜻함, 자연환경과 동물, 생명에 대한 소중함, 그리고 생태계의 소중함을 감동적으로 느낄 수 있었습니다.

그리고 이러한 감동을 친구들에게도 전해주고 싶어 틈틈이 우리말로 옮겨 놓았던 것을 정리하여 이번에 책으로 출간하게 되었습니다.

외국어를 우리말로 옮기는 일은 정말 매력적인 동시에 매우 어려운 일이라는 것을 다시 한번 느낄 수 있었습니다.

원서의 의미를 왜곡시키지 않고 진실되게 적절한 우리말로 표현하는 것에 대한 어려움을 절실하게 느꼈습니다.

적절한 표현이 생각이 나지 않아 선생님을 찾아가서 여쭤보기도 하고, 혼자 생각하다가 밤을 새운 적도 있습니다.

역시 우리말을 잘 알아야 좋은 번역을 할 수 있겠다고 생각한 것은 저에게는 큰 소득이었다고 생각합니다.

그러나 번역을 완성하고 읽어보았을 때의 감동은 어떤 말로도 표현할 수 없을 정도로 가슴 벅찬 일이었습니다. 민족과 문화가 다른 두 나라 사이에서 감동이 전달되고 그것을 공유할 수 있다는 것이 신기했습니다.

원문의 감동을 그대로 전달하려고 최선을 다했지만 부족한 점이 많으리라 생각됩니다. 독자 여러분의 많은 양해를 구하며 다음 작품에서는 더욱 성숙된 모습으로 만나뵐 수 있도록 노력하겠습니다.

저에게 이렇게 좋은 책을 접할 수 있게 도와주시고 번역이라는 작업을 통해 인간적으로 성숙할 수 있게 도와주신 최경희 선생님께 진심으로 사랑과 존경을 표합니다. 그리고 항상 저에게 든든한 지원군이 되어주시는 사랑하는 할아버지, 할머니, 아버지, 어머니께 이 책을 바칩니다.

역자 김양래

I

야생동물은 애완동물이 아니다

첫 번째 이야기 _ **샘의 분노**

두 번째 이야기 _ **사이가 나쁜 고릴라**

세 번째 이야기 _ **나나짱, 무슨 생각을 하고 있는 거야?**

첫 번째 이야기 _

샘의 분노

2005년 봄, 땅거미가 질 무렵의 일이었습니다. 다이세츠산(大雪山) 봉우리들은 흰 눈에 덮여 학처럼 우아한 하얀 능선을 뽐내고 있었습니다. 그 기슭에 있는 작은 동물원은 조용하게 꿈나라로 갈 준비를 하고 있었습니다.

하마 부부도 오랑우탄과 호저도 모두 방에 들어가 쌕쌕 잠자거나 아니면 소곤거리며 이야기를 하거나 무언가를 아드득 아드득 갉으면서 각자 하고 싶은 일을 하고 있을 때였습니다. 사육계의 전시 담당인 츠지에 씨는 맹수관의 바위 위에 한 마리의 아무르호랑이가 누워 있는 듯한 느낌이 들었습니다. 무서운 얼굴, 빛나는 눈동자는 이미 오래 전에 죽은 샘이 틀림없었습니다.

"너는 아직도 나를 미워하고 있니?"

츠지에 씨는 무심코 샘에게 말을 걸었습니다. 그러자 검은 바람이 '휙' 하고 소리를 내며 가슴 속으로 파고들어 왠지 눈물이 날 것만 같았습니다. 항상 입고 있는 연녹색의 작업복도 흰 장화도 너무 무겁게 느껴졌습니다.

츠지에 씨가 이 작은 동물원에서 일하게 된 것은 지금으로부터 38년 전의 일입니다.

"우리 마을에도 동물원이 필요합니다"

이러한 시민들의 목소리가 모여 탄생한 것이 아사히카와시의 아사히산 동물원입니다. 그것이 38년 전의 일이었기 때문에 츠지에 씨는 이 동물원이 처음 만들어졌을 때부터 지금까지 죽 여기에서 일을 했던 것입니다. 당시 스물두 살이었던 츠지에 씨도 38년이 지나자 예순 살이 되었습니다. 우리 인간사회에는 정년퇴직이라는 것이 있습니다.

그래서 누구에게나 정년퇴직하는 날이 찾아오는데, 츠지에 씨에게는 내일이 바로 그날입니다. 내일을 마지막으로 츠지에 씨가 하던 일을 젊은 사람에게 물려주게 된 것입니다.

'맹수관' 건물을 나와서 터벅터벅 걷고 있으려니 지금까지 돌보아 왔던 동물들의 얼굴이 하나 둘씩 끊임없이 떠오릅니다. 하늘을 올려다보니 큰 별이 두 개 '번쩍' 하고 빛이 났습니다.

"아! 샘" 츠지에 씨에게는 그것이 샘의 눈동자로 보였습니다. 샘이 츠지에 씨를 쫓아오는 것인지 아니면 츠지에 씨가 샘을 부르고 있는 것인지 알 수가 없습니다. 하지만 샘을 생각하면 츠지에 씨의 가슴에는 언제나 작은 슬픔이 파고들었습니다.

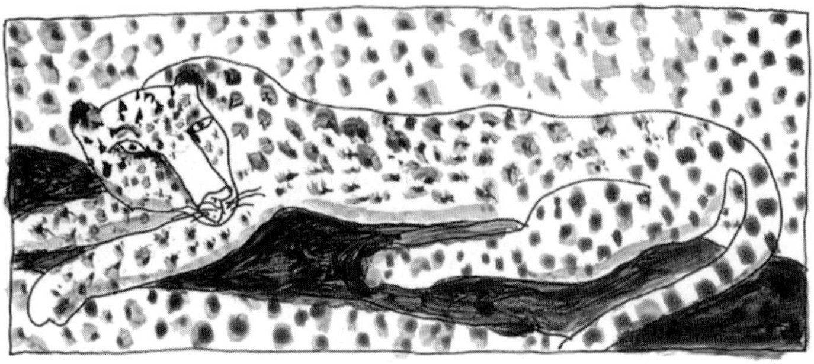

1967년 일본 홋카이도의 아사히카와시에 시가 운영하는 동물원이 생긴다고 하여 전 세계에서 축하선물을 보내왔습니다. 러시아에서도 큰 동물을 보내왔는데 그것이 아무르호랑이인 샘이었습니다.

츠지에 씨는 아사히산 동물원에서 아주 가까운 곳에 있는 농가에서 태어났습니다. 어릴 때부터 고양이를 매우 좋아했기 때문에 동물원에 들어와 사육계에 배치되자 고양이과 동물들을 담당하고 싶어 견딜 수가 없었습니다. 호랑이나 사자의 얼굴을 보면 자기도 모르게 빙그레 웃음이 나올 정도였습니다. 그러나 샘은 츠지에 씨를 보기만 하면 우리 너머로 으르렁거리며 달려들었습니다. 우리 안에 손을 넣기라도 한다면 분명히 팔까지 물어 버렸을 것입니다. 아무리 성질이 사나운 동물이라 해도 매일 먹이를 주다보면 그곳이 안전한 장소라는 것을 알게 되어 얌전해지기 마련입니다. 그러나 몇 년이 지나도 샘의 분노는 가라앉지 않았습니다. 더구나 사육사에게만 분노를 발

산하는 것입니다. 관람객들이 우리 속을 들여다 볼 때에는 가만히 바라보기만 하는 얌전한 샘이었습니다.

현재, 동물원에 있는 야생동물의 대부분은 동물원에서 태어났습니다. 동물원에서 태어났기 때문에 동물원은 안전한 장소라는 것을 알고 있습니다. 그러나 샘은 시베리아에서 태어났습니다. 아마 시베리아의 산 속에 있었을 때 마취총에 쏘여 잡힌 것이겠지요. 그래서 샘에게 인간은 아무리 미워해도 직성이 풀리지 않는 적이었던 것입니다.

츠지에 씨는 샘의 그러한 기분을 항상 느끼고 있었습니다. 우리 속에서 으르렁거리며 달려드는 샘의 분노 …… "나를 잡아다가 이런 곳에 강제로 가둔 나쁜 놈들!"

샘의 증오는 나이를 먹어도 수그러들지 않았습니다. 호랑이에게는 발톱을 가는 습성이 있는데 나이가 든 샘은 그것을 게을리했습니다. 그러자 점점 발톱이 자라 말려들어서 발등 아래까지 파고 들었습니다. 그대로 두면 위험하기 때문에 2년에 한 번씩 마취시켜서 잠들게 한 다음 발톱을 잘라주어야 합니다.

그리니 샘은 마취가 되지 않았습니다 그것은 마취보다 샘의 마음이 더욱 강했기 때문이겠지요.

"이놈들이 나에게 또 무슨 짓을 하려는 것일까? 나는 이놈들에게 절대로 지지 않을 거다."

샘의 마음을 이렇게 표현할 수 있을 것입니다. 마취를 할 때에는 가스총 끝에 알루미늄으로 만든 주사기를 달고 쏩니다. 허리 부근을 목표로 쏘는데 샘은 주사기가 박힌 순간 주사기를 덥석 물어 구멍을 내 버립니다. 값비싼 주사기가 대체 몇 개나 구멍이 났는지 모릅니다. 샘은 인간에게 무언가를 당하는 것이 싫어서 견딜 수가 없었던 것입니다.

그러한 샘에게 드디어 최후의 날이 찾아왔습니다. 모든 것이 얼어붙을 것 같이 추운 겨울의 어느 날 아침이었습니다. 평소와 같이 샘을 밖으로 내보내고 실내를 깨끗하게 청소하고 나서 츠지에 씨는 샘에게 말을 걸었습니다.

"샘! 청소 끝났다. 자, 안으로 들어갈까?"

그러나 뒤를 돌아보니 샘이 쓰러져 있었습니다. 이상하다고 느낀 츠지에 씨는 곧바로 수의사인 코스게 씨를 부르러 갔습니다. 돌아와 보니 샘의 영혼은 이미 빠져 나가고 호랑이 무늬의 물체만이 누워 있었습니다.

샘을 해부한 수의사 코스게 씨는 "야생이란 역시 대단해! 어제까지 잘 먹고 잘 놀았는데 해부해 보니 장기가 완전히 망가져 있어. 이런 상태로 용케도 살아 있었군!" 하고 감탄하는 것이었습니다.

사육사들에게는 자기가 보살피던 동물의 죽음이 가장 괴로운 일입니다. 츠지에 씨는 샘의 큰 체구에 살짝 손을 대어 보았습니다. 샘이 병에 걸린 것을 눈치채지 못했던 자신을 책망했습니다.

그러나 한편, 멋진 죽음을 맞이한 야생 아무르호랑이에 대한 찬사를 금할 수가 없었습니다.

"역시 멋있어, 샘! 적에게 절대로 약한 모습을 보이지 않고 죽었구나. 장하다 샘!"

"나는 시베리아의 대지에서 살다가 그 곳에서 죽고 싶었다."

샘의 강렬한 바람을 마음속으로 듣고 있던 츠지에 씨는 자신이 직접 아무르호랑이 번식을 시도해 보겠다고 결심하였습니다. 그것이 샘에 대한 속죄, 은혜에 대한 보답이라고 생각했기 때문입니다. 츠지에 씨는 동물원 원장에게 간곡하게 부탁해서 동물원에서 태어난 아무르호랑이 수컷과 암컷을 한 우리에 넣게 했습니다. 그렇게 해서 탄생한 것이 지금 아사히산 동물원에 있는 수컷 '빅' 과 2002년에 죽은 암컷 '에이라' 입니다.

아사히산 동물원에 와서 3년째 되던 해인 1991년 빅과 에이라는 일본의 동물원에서는 처음으로 아무르호랑이의 새끼를 낳았습니다. 그것이 '사쿠라' 입니다. 그때는 정말 아사히 언덕 정상까지 뛰어오르고 싶을 정도로 기뻤습니다. 하지만 그 기쁨은 이제 그때보다 훨씬 더 무겁게 츠지에 씨의 가슴 속에 내려와 있습니다. 일본의 동물원에 있는 아무르호랑이의 새끼는 모두 에이라 계통이기 때문입니다. 사쿠라는 고베의 오지 동물원에 보내져 거기에서 새끼를 낳았습니다. 그 새끼가 히로시마의 아사동물공원으로 갔고 거기에서 새끼를 낳았습니다. 일본의 동물원에 있는 아무르호랑이는 현재 8마리로, 아사히산에 2마리(빅과 그 새끼인 고토), 고베시 오지 동물원에 2마리(사쿠라와 그 짝인 수컷), 히로시마시 아사동물공원에 4마리(사쿠라의 새끼와 그 짝인 수컷, 그 새끼 2마리)가 있습니다. 단지 그 8마리뿐입니다.

현재 야생의 아무르호랑이는 러시아 동부에서 25마리 정도, 중국과 북한에서 15마리 정도가 살고 있다고 추정될 뿐입니다. 멸종되지 않을까 염려되는 귀중한 종입니다. 한편 전세계의 동물원에서 사육되고 있는 아무르호랑이는 224마리(2001년 7월 조사)로, 이미 야생보다는 동물원에서 사육되고 있는 것이 많습니다.

왜 츠지에 씨가 샘의 은혜에 대한 보답으로 번식을 성공시키려고 했는지 이해가 되었을 것입니다. 야생으로 살다가 죽고 싶었던 샘에 대한 속죄로 츠지에 씨는 샘과 같은 종인 아무르호랑이를 멸종의 위기에서 지키는 데 이러한 방법이 조금이나마 도움이 되리라고 생각했던 것입니다. 멸종의 위기에 처한 종을 지키는 것도 동물원이 해야 할 중요한 역할이라는 것을 사육계의 사람들은 현장에서 절실히 깨닫고 있습니다.

“샘, 내가 사육사 일을 끝까지 할 수 있었던 것도 모두 네 덕택이야. 네가 야생동물로서 끝까지 멋진 삶을 살아주었기 때문이야. 너는 아직 나를 미워하겠지만 …….”

츠지에 씨는 밤하늘에 빛나는 두 개의 눈동자를 향해 그렇게 말하자 기분이 조금 누그러졌습니다. 정년퇴직하는 날의 아침을 평소와 같이 맞이할 수 있을 것 같은 기분이 들었습니다.

그리고 드디어 그날이 찾아왔습니다. 사육계의 많은 사람들로부터 박수를 받고 이별의 인사를 나눈 다음 마지막 업무에 임했습니다. 맹수관에는 사자, 아무르호랑이, 눈표범, 흑표범, 홋카이도불곰 등 모두 열 세 마리의 맹수가 있습니다. 그들의 사육을 담당했던 츠지에 씨는 마침내 마지막 업무를 시작했습니다. 사자에게 먹이를 주고 방사장을 깨끗하게 청소하고 도구를 정리하고 ……, 그리고 수컷인 라이라, 암컷인 레이라, 그 두 마리의 새끼인 수컷, 산타에게 말을 걸었습니다.

“오늘이 마지막이야. 건강하게 잘 지내거라”

그러자 그 순간의 일이었습니다.

사자 세 마리가 하늘을 향해 얼굴을 치켜세우고 일제히 울기 시작했습니다.

"가우-, 가우-, 가우-"

"가우-, 가우-, 가우-"

먼 곳을 향해 1분 이상이나 계속 울어댔습니다. 동물원 전체에 울려퍼지는 큰 소리였습니다.

"너희들이 나를 배웅해 주는구나!"

츠지에 씨는 가슴이 조이듯이 아파오는 것을 느꼈습니다. 츠지에 씨는 야생동물은 애완동물하고는 다른 동물이라는 것을 잘 알고 있었습니다. '야생동물을 인간에게 길들이지 않는다. 따라서 인공보육은 하지 않는다. 가까이 접촉하지 않는다. 친구가 되지 않는다. 단지 가능한 한 좋은 환경을 만들어주고 관찰한다.' 이것이 아사히산 동물원의 방침으로, 어떠한 일이 있어도 흔들리는 일이 없었습니다. 그래서 사자의 부모와 새끼가 츠지에 씨의 정년퇴직을 알아차리고 작별의 인사를 했다는 등, 인간이 멋대로 상상하며 말하지 않습니다.

"놈들은 그렇게 호락호락하지 않기 때문입니다."

그러나 츠지에 씨가 이별의 말을 했던 그 순간 우연히 세 마리가 동시에 먼 곳을 향해 울었고, 그래서 그렇게 강한 츠지에 씨도 순간 가슴이 찡해지는 것을 느꼈다. 그러나 그 뿐인 것입니다. 인간으로서는 조금 서운하게 느껴질지는 몰라도 "아! 야생동물과 마음이 통했다" 라고 생각하면서 야생동물과의 거리를 멋대로 줄이는 것은 동물들에게는 결코 기쁘지도 고맙지도 않은 일입니다. 우리들로서는 동물들을 그대로 가만히 놓아두는 것이 동물들을 존중해주는 마음의 표현일 것입니다.

1988년의 일이었습니다. 한 살이 채 되지 않은 라이라와 레이라는 각각 다른 곳에서 아사히산 동물원으로 왔습니다. 서로 다른 동물원에서 태어나 동물판매상을 통해 팔려온 것입니다. 아직 어린 라이라와 레이라를 보고 츠지에 씨는 놀랐습니다. 왠지 무서워서 떨고 있는 것처럼 보였기 때문입니다. 특히 암컷인 레이라는 사람을 너무 무서워하는 것 같았습니다. 사자 우리 앞에 사람이 서 있기만 해도 구석진 곳에 몸을 숨기고 잔뜩 웅크리고 있었기 때문입니다.

어느 날 어깨에 두르고 있던 타월을 휙 하고 들어올렸을 때의 일입니다. 갑자기 레이라가 떨기 시작했습니다. 츠지에 씨는 갑자기 어떤 생각이 번뜩 떠올랐습니다. 타월이 채찍으로 보였음에 틀림이 없었습니다. 동물판매상 밑에 있었을 때 분명히 어떤 일이 있었던 것 같았습니다.

사자 새끼를 안고 사진을 찍는 이벤트 같은 것에 레이라가 이용되었던 것일까요? 이벤트 중에 사고가 일어나면 안되니까 레이라가 싫어하는 어떤 일을 강요당했던 것일까요? 아니면 훈련시키려고 채찍 같은 것이라도 사용했던 것일까요?

츠지에 씨는 이곳은 안전한 장소라는 것을 레이라에게 필사적으로 알려주려고 했습니다. 보통은 하지 않는 일이지만, 사육사는 무서운 사람들이 아니라는 것을 이해시켜주기 위해서 손으로 먹이를 주기도 하였습니다. 그러는 사이에 츠지에 씨와 레이라, 라이라 사이에는 조금씩 신뢰 관계가 형성되어 2년이 지나자 사자 우리 앞에 서 있어도 무서워하는 일은 없어졌습니다.

왜 인간들은 야생동물까지 애완용으로 만들고 싶어하는 것일까? 왜 사자 새끼들과 함께 사진을 찍고 싶어하는 것일까? 왜 동물들이 싫어하는 일을 강요하는 것일까? 인간들은 지금까지 동물들이 "하지 말았으면 하는 일들" 을 많이 해 왔습니다.

그것을 속죄하기 위해서라도 츠지에 씨는 레이라와 라이라 그리고 그 새끼를 정성을 다해 소중하게 키웠던 것입니다.

츠지에 씨가 동물원을 떠나는 마지막 날에 그 세 마리가 먼 곳을 향해 울면서 츠지에 씨를 배웅해 주었습니다. 인간들이 멋대로 생각하는 것인지는 몰라도, 일순간 그렇게 생각하고 싶은 사건이었습니다. 그렇지 않으면 그 세 마리는 인간들의 안일한 생각으로는 도저히 상상도 할 수 없는 무엇인가를 주장했던 것일까요?

야생동물은 인간들의 오만한 생각이나 안일한 사고방식을 일깨워주고, 인간이 어떠한 생물체인가를 가르쳐주는 존재임에 틀림이 없습니다.

차가운 밤바람이 옷깃을 스칩니다. 그래도 츠지에 씨는 새나 동물의 체온같이 따스함을 간직한 채 집으로 돌아왔습니다. 동물들에 대해 감사한 마음으로 가슴이 벅찼기 때문입니다.

동물원에서 놀던 까마귀도 아사히산의 숲으로 돌아갔습니다.

두 번째 이야기 _

사이가 나쁜 고릴라

시꺼멓고 봉제인형같이 생긴 암컷 고릴라 한 마리가 일본 북쪽 지방의 변두리에 있는 아사히산 동물원에 왔습니다. 지금부터 벌써 30년 전의 일입니다. 그 고릴라에게는 '마리' 라는 이름을 지어주었고, 당시 스물일곱 살이었던 마키타 씨가 사육을 담당하게 되었습니다. 마리는 두 살로 아직 어리광을 부릴 때였습니다.

마리는 마키타 씨를 보고 첫눈에 마음에 들었던 것 같습니다. 마키타 씨는 강하고 무섭기는 해도 실은 엄마처럼 다정다감한 사람이었습니다. 마리는 이러한 마키타 씨를 알아보고 "이 사람은 나를 지켜줄 거야" 하고 생각했던 것 같습니다. 마리와 마키타 씨는 항상 함께였습니다.

서늘한 바람이 부는 어느 여름날의 저녁무렵, 여느 때와 같이 마키타 씨와 손을 잡고 동물원 내를 산책하는 마리의 모습이 보였습니다.

마리는 몸이 부쩍부쩍 자랐습니다. 1년 동안 몸무게가 20킬로그램이나 늘어났던 것입니다. 85킬로그램이나 되어도 마리는 아직 마키타 씨에게 어리광을 부리며 업어달라고 졸랐습니다.

사육계의 아베 씨가 놀라면서 마키타 씨에게 물었습니다.

"85킬로그램이라니 저울도 없는데 어떻게 그렇게 잘 아세요?"

"코스게 씨를 업은 다음, 마리를 입어 보았어요. 그랬더니 거의 비슷하더라구요"

수의사인 코스게 씨는 학창시절 유도를 배웠기 때문에 마리와는 자주 레슬링을 하면서 놀았습니다. "마리! 그렇게 하면 반칙이야." 하는 말을 하면서 즐겁게 지냈는데 그때 마키타 씨는 코스게 씨와 마리를 업고 비교했던 것입니다.

그 무렵 마리와 마키타 씨 사이에는 복잡한 마음의 갈등이 일어나기 시작하였습니다. 마리가 아사히산 동물원에 오고나서 3년이 지난 1978년 마리와 같은 롤랜드 고릴라인 곤타가 왔는데, 곤타는 마리보다 한 살 아래인 수컷이었습니다. 다섯 살이라고는 하지만 역시 엄마가 그리운 나이입니다. 곤타도 동물판매상을 통해 아사히산 동물원에 왔는데, 그 탓인지 눈이 푹 들어갔고 작았으며 털에 윤기도 없는 빈약한 고릴라였습니다. 그런데 마키타 씨가 열심히 보살펴준 덕에 남자답고 당당한 고릴라로 성장해갔습니다.

아사히산 동물원에서는 고릴라의 번식을 계획하고 있었습니다. 당연히 마키타 씨도 마리와 곤타에게 아기가 생기기를 빌었지요. 야생동물이 동물원에서 새끼를 낳는다는 것은 "이곳이 마음에 들어요" 라고 말하는 것과 같습니다. 그래서 고릴라의 2세 탄생에 기대를 걸고 있었습니다.

그러나 ……. 마리와 곤타는 사이가 매우 나빠 서로 으르렁거렸습니다.

마리와 곤타와 마키타 씨, 세 사람이 함께 있으면 문제는 일어나지 않습니다. 그러나 밤에 잠잘 시간이 되어 마키타 씨가 마리의 방에 들어가면 곤타는 먹이를 먹지 않거나 던져버리며 안절부절못합니다. 반대로 마키타 씨가 곤타의 방에 들어가면 마리가 질투를 해서 우울해 하거나 ……. 결국 마키타 씨를 사이에 두고 삼각관계가 형성된 것입니다.

이렇게 되자 마키타 씨도 고민이 되었습니다.

원래 고릴라는 신경이 예민한 동물입니다. 유전정보가 쓰여 있는 DNA를 통해 밝혀진 사실인데, 우리들 인간과 침팬지, 고릴라, 오랑우탄은 유전적으로 매우 가깝습니다. 그래서 최근에는 인간, 침팬지, 고릴라, 오랑우탄을 인간과(科)로서 생각하게 되었습니다. 그러나 성격은 매우 다릅니다. 침팬지는 인간과 매우 비슷해서 호기심이 많으며 "무엇이든 경험해 보려는" 타입입니다. 오랑우탄은 무언가를 하기 전에 신중하게 생각하는 타입입니다. 그리고 고릴라는 몸집은 가장 크지만 매우 신경이 예민하고 섬세한 정신의 소유자입니다.

그래서 사육하기가 매우 어렵습니다. 조금이라도 낯선 것들이 동물원에 들어오기만 해도 충격을 받아버립니다. 예를 들어 제설차가 부릉하고 소리를 내기만 해도 식욕이 떨어지거나 신경성 설사를 합니다. 그래서 야생 고릴라는 사육하기가 매우 어렵습니다.

그러면, 숲속에서는 수많은 일들이 일어나는데 그때마다 설사를 할까요? 그러나 그렇지 않습니다. 새끼들은 부모의 반응을 보면서 자라기 때문에 기분이 안정되어 있습니다. 예를 들어 번쩍하고 번개가 쳐도 부모가 태연하게 있기 때문에 새끼들도 안심하는 것입니다.

어린 마리와 곤타는 엄마로부터 떨어져 동물판매상을 통해 아사히산 동물원에 팔려온 고릴라입니다. 엄마가 얼마나 그리웠을까요? 신경이 예민한 마리와 곤타를 불쌍하게 생각하여 마키타 씨는 모든 애정을 쏟아 부었던 것입니다. 그러나 그 때문에 두 마리는 마키타 씨에게서만 사랑을 받으려고 했던 것입니다. 같은 무리의 고릴라보다 인간에게 사랑받기를 원하는 것은 부자연스러운 것입니다. 마키타 씨는 야생동물을 사육한다는 것에 대한 어려움을 뼈저리게 깨닫고 입술을 깨물었습니다.

“나 때문에 마리와 곤타가 사람과 너무 친해져 버린 것일까? 내가 좀 더 거리를 두고 키웠어야 했는가? 이제 더 이상 두 마리에게 접근해서는 안 되겠어.”

마키타 씨는 결심을 하고 동물원 원장에게 마리와 곤타를 담당하지 않게 해달라고 간청했습니다. 원장은 마키타 씨의 마음을 알고 있었기 때문에 아무 말도 하지 않고 그 간청을 받아들였습니다.

그로부터 얼마 되지 않은 어느 날이었습니다. 갑자기 곤타가 입에 거품을 물고 쓰러져 버렸습니다. 그때에는 겨우 목숨을 건졌지만, 다음 해 6월에 병이 재발해 7월에는 결국 죽어버렸습니다. 향년 22세였습니다.

홋카이도대학 수의학부에 정밀검사를 의뢰했더니 사망원인이 에키노콕구스증이라는 것이 밝혀졌습니다. 동물원에 들어온 북극여우의 장 속에 기생하는 기생충 알에 감염된 것이었습니다. 다른 동물에게도 감염될 가능성이 있는데 왜 하필이면 곤타에게 ……. 체중이 230킬로그램이나 되는 용맹스런 곤타가 왜? 곤타의 죽음은 마키타 씨에게 큰 충격을 주었습니다.

비극은 계속되었습니다. 1년 후, 이번에는 마리가 어이없게 죽어버린 것입니다. 그야말로 돌연사로 원인불명의 수수께끼 같은 죽음이었습니다.

수의사 코스게씨는 마리의 사망원인을 반드시 밝혀내리라고 결심하였습니다. 그러기 위해서는 마리를 해부해서 모든 장기를 검사해야만 합니다. 죽은 이유를 밝혀내는 것이 마리의 은혜에 대한 보답이고 또한 마키타 씨를 격려한다는 의미도 있다고 생각했기 때문이었습니다. 코스게 씨는 마리의 내장을 정밀하게 검사했지만 전혀 알 수가 없었습니다. 그래서 아사히카와 의과대학의 병리학과 선생님에게 부탁하기로 하였습니다. 돌연사인 경우 우선 심장에 문제가 있다고 생각할 수 있기 때문에 심장근육 등 100곳 이상의 심장 표본을 만들게 해서 사망원인을 규명하게 했습니다.

그런데 의과대학 교수는 이렇게 말하는 것이었습니다.

"아마 돌발성 심근증일 겁니다. 가장 사랑하는 사람을 잃어버렸을 때 나타나지요. 사이가 아주 좋은 부부의 경우 한 사람이 먼저 죽으면 나머지 한 사람도 그 뒤를 따라 죽는 경우가 있지요. 이 병은 그러한 경우에 발생합니다."

수의사 코스게씨는 깜짝 놀랐습니다. 왜냐하면 그는 마리가 곤타를 무시했고 마키타 씨를 존경했다고 생각했기 때문입니다. 즉, 마키타 씨와 곤타를 비교해서 곤타를 시시한 놈으로 생각했고, 이것을 느낀 곤타는 기분이 나빴을 것이며, 그래서 둘은 사이가 나빴다고 생각했습니다. 그러나 마리의 사망원인을 알고 '아아, 마리는 곤타를 존경은 하지 않았어도 인정하고 있었던 것이다' 라고 생각하기에 이르렀습니다. '사이가 나쁘다' 는 것과 '사이가 좋다' 는 것은 마음의 결속관계에서는 하나임에 틀림이 없습니다. 그렇지 않으면 상대를 무시하기 때문입니다. 그래서 마리는 곤타가 죽어 괴로워서 견딜 수가 없었던 것입니다. 수의사 코스게씨는 고릴라가 인간과 마찬가지로 "죽음" 을 이해하고 있다고 확신하게 되었습니다.

연구가 진행되자 고릴라는 1대 1로는 번식하기 힘들다는 것이 밝혀졌습니다. 야생 고릴라 집단은 실버백이라고 불리는 한 마리의 수컷 우두머리를 중심으로 구성되어 있습니다. 실버백이란 어느 정도 나이가 들고 경험이 풍부한 수컷을 말합니다. 실버백을 중심으로 여러 마리의 암컷, 수컷 및 새끼들이 무리지어 있는 것입니다. 그래서 각 동물원에서 사육하고 있는 고릴라를 도쿄의 우에노 동물원에 집

합시켜 수컷 한 마리에 대해서 3~4마리의 암컷과 새끼들로 무리를 구성하기로 하였습니다. 그렇게 해서 번식을 시도한 결과 실제로 새끼가 태어났습니다. 마리와 곤타의 사이가 좋지 않았던 것은 수의사 코스게 씨에게도 사육기술의 미숙함을 반성하게 하는 사건이었습니다.

"마키타 씨가 잘못 한 게 아니야. 동물원이 고릴라의 사육방법을 몰랐던 거지. 어릴 때부터 마리와 곤타, 두 마리만 키웠던 동물원이 잘못한 거야. 동물을 우습게 본 거지."

마키타 씨는 원래 말이 없는 사람이라 이런저런 말을 하지 않았습니다. 하지만 마리와 곤타를 자식같이 애지중지한 것이 결과적으로 야생에서 멀어지게 한 것 같아 무척 괴로워했습니다. 실패를 극복하고 마키타 씨는 지금 이렇게 확신하고 있습니다.

"야생동물을 사람에게 길들인다는 것은 그 동물이 가지고 있는 존엄성을 빼앗는 것이다. 그것은 동물들을 모욕하는 것에 지나지 않는다. 사람들이 그들의 생활에 개입할 때에는 신중하게 해야 하며 가능한 한 삼가는 것이 좋다."

아사히산 동물원은 신기한 동물원입니다. 모든 동물들에게 팬이 있기는 하지만 사육전시계에도 팬이 있습니다. 이런 동물원은 아마 다른 곳에는 없을 겁니다.

마키타 씨는 모든 사람이 인정하는 명물 사육사입니다. 전 사육사였던 아베 씨는 이렇게 말합니다.

"마키타 씨는 천재입니다. 사고가 나서 호랑이가 부상을 당한 경우에도 제일 먼저 우리 안에 들어가 날렵하게 호랑이를 붙잡는 것이 마키타 씨입니다. 아무튼 대단하고 멋있지요. 이번에는 내가 해야지 하고 생각해도 어느 틈엔가 마키타 씨가 들어가 호랑이를 꽉 붙잡거든요. 그런 일은 천재가 아니면 할 수 없지요. 동물에 대한 감각이 뛰어납니다. 마키타 씨는 입버릇처럼 '수의사에게 의존하면 모두 끝장' 이라고 말합니다. 동물이 병에 걸리기 전에 낌새를 알아채고 재빨리 대처하는 것이 사육사라는 것이지요. 앞으로 그런 사육사는 나오지 않을 겁니다."

마키타 씨는 지금 북극곰을 담당하고 있습니다. 암놈인 루루는 10살로 이미 어른이 되었지만 수컷인 이완은 아직 4살입니다. 루루와 결혼하려면 앞으로 2~3년 기다려야 합니다. 루루와 이완은 사이가 매우 좋기 때문에 아마 몇 년 후에는 아기가 태어날 것입니다.

마키타 씨의 팬들은 마키타 씨가 이완과 루루의 식사시간에 좋아하는 먹이인 까나리를 주면서 북극곰에 대해서 이야기하는 것을 보기 위해 옵니다. 마키타 씨의 해설은 몇 번을 들어도 가슴 속 깊이 느껴지는 진실함이 있습니다.

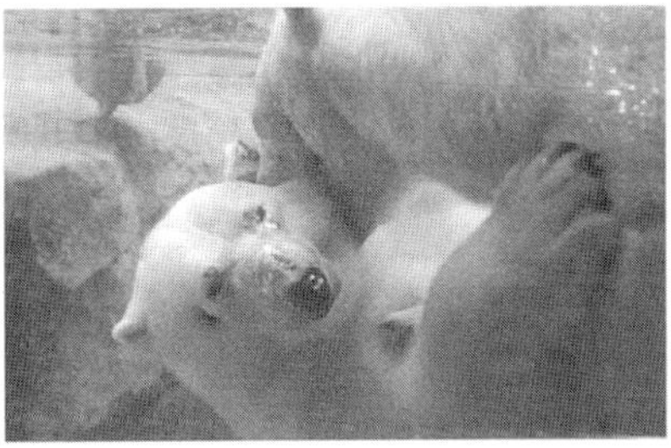

사육사가 '북극곰관' 건물 위에서 풀장을 향해 까나리를 던지면 이완과 루루는 그것을 먹으려고 수중으로 다이빙을 합니다. 풀장은 수족관과 같이 유리로 둘러싸인 수조로 되어 있기 때문에 눈높이에서 북극곰을 보는 관람객들은 매우 즐거워합니다. "캬-" "우와-" "굉장하다!" 하고 탄성을 지릅니다. 자연스럽게 북극곰의 큰 발과 물 속에서의 움직임을 관찰할 수가 있습니다.

"식사시간" 이 되면 어김없이 나타나는 것이 까마귀입니다. 까나리를 공중에서 낚아채려는 속셈인 것입니다. 그러나 까마귀도 상대가 마키타 씨일 때에는 힘이 듭니다. 마키타 씨가 던지는 까나리는 야구선수가 던지는 공같이 빨라서 풀장으로 꽂히기 때문입니다.

까마귀는 포기하고 지붕 위로 날아가버립니다. 그리고 오랫동안 이완과 루루의 모습을 지켜봅니다. 아마 이런 말을 했을지도 모릅니다.

"어이, 북극곰, 마키타 씨는 앞으로 3년 뒤면 정년퇴직이야. 너희들은 마리와 곤타 몫까지 분발해야 해. 그때까지 예쁜 아가를 보여줘. 3년 이내야. 알았지? 부탁할께……. 아차, 내가 쓸데없는 말을 했구나. '야생동물은 간섭하지 않는다. 친구가 되지 않는다. 그러나 환경을 잘 정비하면서 관찰한다' 는 것이 이 작은 동물원의 방침이었지. 우리들도 이놈들에게 간섭하는 것은 삼가야 해."

그리고는 허둥지둥 날아가 버렸습니다.

*DNA(디옥시리보핵산)

고릴라에게서 태어난 새끼는 고릴라가 되고 까마귀에게서 태어난 새끼는 까마귀가 됩니다. 고릴라 새끼가 까마귀가 되는 일은 절대로 없습니다. 왜냐하면 생물은 모두 세포 안에 있는 염색체 속에 어떠한 생물이 되어야 하는지를 적은 시나리오를 가지고 있기 때문입니다. 이것이 유전자입니다. DNA는 유전자의 본체로, 염색체 속에 수없이 접혀서 들어 있습니다. DNA에는 고릴라가 고릴라가 되기 위한 몸의 구성방식뿐만 아니라 고릴라로서의 행동의 일부도 적혀 있습니다. 즉 DNA란 어떠한 생물이 되는가 하는 시나리오가 적힌 유전자의 본체라고 할 수 있습니다.

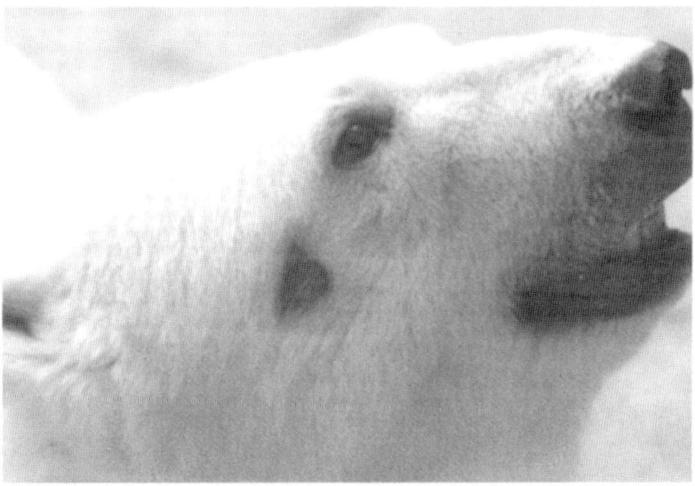

세 번째 이야기 _

나나짱, 무슨 생각을 하고 있는 거야?

부리부리하고 둥근 눈, 익살스러운 얼굴의 사육전시계의 나카타 씨는 어딘지 모르게 참깨점박이바다표범과 닮았습니다. 매일 바다표범을 돌보고 있는 사이에 닮아버린 것일까요?

나카타 씨는 1967년 아사히카와 시에서 태어났습니다. 고등학교를 졸업한 후 시의 임시직원으로서 쓰레기 줍는 일을 했었습니다. 쓰레기 수거차를 타고 각 가정에서 나오는 음식쓰레기나 재활용 쓰레기를 수집하는 일입니다. 일 자체는 단순했지만, 인생경험이 풍부하고 재미있는 아저씨들에 둘러싸여 유쾌한 하루하루를 보냈습니다. 나카타 씨는 이것을 평생 직업으로 삼으려고 공부를 시작했습니다. 시의 직원이 되려면 시험을 보아야 하기 때문입니다. 희망하는 부서는 물론 '청소사업부' 였습니다. 무사하게 합격하여 나카타 씨는 기뻐했습니다. 그러나 임명장에는 '아사히산 동물원' 이라고 쓰여 있는 게 아닙니까? 나카타 씨는 뒤로 자빠질 정도로 깜짝 놀랐습니다.

"뭐야, 왜 동물원에 가야 하는 거냐구요?"

절대로 가지 않겠다고 생각했습니다. 그래서 신입사원 연수에도 가지 않았습니다. 그러자 시청에서 연락이 와서 불려가게 되었습니다. 동물원 원장인 칸노 씨와 수의사인 코스게 씨, 그리고 아사히야마 시 인사과의 높은 사람이 나카타 씨를 둘러싸고 싱글벙글 웃으면서 말했습니다.

"동물원은 재미있는 곳이야."

"일단 와 봐."

"금방 즐거워질 테니까."

세 사람은 차근차근 이야기하면서 나카타 씨를 설득하였습니다. 도망갈 수 없게 된 나카타 씨는 할 수 없이 "그럼, 가겠습니다" 하고 대답을 했던 것입니다.

칸노 원장과 코스게 수의사는 알고 있었습니다. 나카타 씨가 동물원 일을 처음에는 싫다고 해도 금방 좋아하게 될 것이라는 것을 …….

정말로 그랬습니다.

아사히산 동물원을 걷고 있으면 멀리서도 나카타 씨의 모습은 한눈에 들어옵니다. 싱글벙글 웃는 모습이, 일하는 것이 즐거워서 어쩔 줄 모르는 것처럼 보입니다.

동물의 생명을 담당하는 일이 이렇게도 멋진 일이라는 것은 생각지도 못했습니다.

"그렇지요 사육사는 동물과 가장 깊게 오랫동안 지낼 수가 있지요. 관람객들보다 즐거워서 죄송합니다."

현재 나카타 씨는 바다표범을 담당하고 있습니다. 몸 전체에 참깨

무늬가 있는 참깨점박이바다표범인데 "아사히산 동물원의 바다표범은 왜 이렇게 힘차게 움직이는 것일까요?" 하고 이상하게 생각할 정도로 건강합니다. 그렇지만 바다표범도 움직임이나 표정이 날마다 바뀝니다. 어제는 날 듯이 움직였는가 하면 오늘은 별로 움직이지 않고 가만히 있습니다.

"사람들은 이해하지 못하겠지만 분명히 그들 속에서도 무슨 일이 있겠지요."

그 무슨 일이란 무엇일까. 사육계에서는 모든 방향에서 생각합니다. 생명에 관련된 '무슨 일' 이기 때문에 심각한 문제입니다. 터무니없이 수수께끼 같은 일이 많이 일어납니다. 그것도 매일 일어납니다. 이렇게 동물의 수수께끼에 홀리면 재미있고 즐거워서 그만둘 수 없게 되어버립니다.

하지만 나카타 씨도 1년 내내 싱글벙글 즐거운 것은 아닙니다. 아주 우울해질 때도 있습니다. 그것은 동물에게 이변이 일어났을 때입니다. 지금부터 이야기하려고 하는 코끼리, 나나짱 때문에도 나카타 씨는 가슴이 아팠습니다. 지금도 나나짱에게 미안한 일을 했다고 생각하고 있습니다.

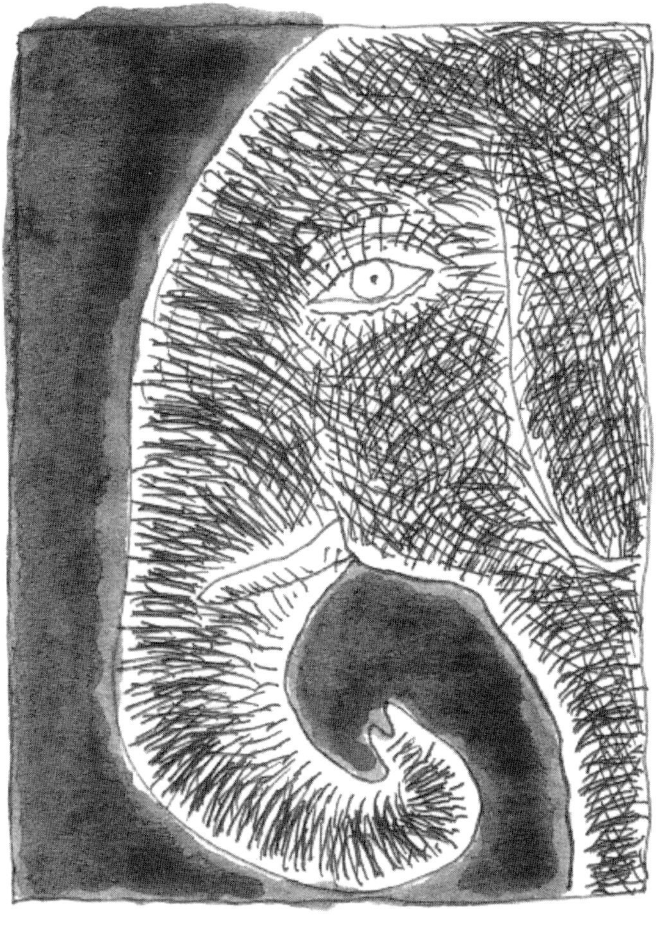

작년(2004년) 10월 아사히카와 시에서 '제14회 코끼리 회의'가 열렸습니다. 코끼리 회의란 일본 전국에서 코끼리에 관련된 사람들이 모여 코끼리의 병이나 사육방법을 서로 이야기하는 회의입니다. 나카타 씨는 당시 코끼리를 담당하고 있었기 때문에 의욕적으로 코끼리 회의에 참석하였습니다. 사람들의 다양한 의견이나 새로운 보고를 듣는 것은 매우 좋은 자극이 되기 때문입니다.

어떤 사람이 이런 발언을 하였습니다.

"이전에 조련받았던 경험이 있는 코끼리는 몇 년이 지나도 그때 익혔던 것을 바로 생각해낸다."

나카타 씨는 자신이 담당하고 있는 둥근귀 코끼리 나나짱을 떠올렸습니다. 나나짱도 이전에 조련을 받은 적이 있기 때문에 기억하고 있을 지도 모른다고 생각했습니다.

코끼리는 기억력이 매우 좋은 동물입니다. 기억을 주관하고 있는 뇌 부분이 매우 크다고 합니다. 코끼리는 아프리카의 숲이나 초원을 이동하기 때문에 "저기에 가면 물을 마실 수 있어"라든가 "여기에는 언제쯤 풀이 난다"라는 것을 기억하지 않으면 안 됩니다. 코끼리들은 뛰어난 기억력으로 이동하면서 물을 마시고 먹이를 먹는 것입니다.

회의가 끝나고 며칠이 지난 후의 아침이었습니다.

나카타 씨는 아주 가벼운 마음으로 나나짱에게 말을 걸었습니다.

"발 들어!"

그러자 나나짱은 왼쪽 앞발을 번쩍 들어올리는 것이 아니겠습니까? 나카타 씨는 감탄하면서 나나짱을 칭찬하였습니다.

"오! 대단하다. 나나짱, 역시 똑똑해."

그리고는 나나짱이 아주 좋아하는 과일을 손에 들고 "그래, 이제 됐어. 이걸 상으로 줄게" 하고 주려고 했지만 나나짱은 한동안 그 자세를 유지하고 있었습니다. 그리고 무언가를 깊이 생각하고 있는 것처럼 꼼짝도 하지 않고 먼 곳을 응시하고 있었습니다.

그리고 나카타 씨가 아무 말을 하지 않았는데도 오른쪽 앞발, 왼쪽 뒷발, 오른쪽 뒷발의 순서로 발을 들어올려 보였습니다. 나카타 씨는 "아! 기억하고 있었구나. 대단하군!" 하고 생각하였습니다.

이변이 일어난 것은 그 직후였습니다. 나나짱의 태도가 완전히 변해 버린 것입니다. 마치 무언가에 떨고 있는 것처럼 방안에 틀어박혀서 그렇게 좋아하던 바나나도 먹지 않았습니다.

그로부터 이틀 동안 나나짱은 아무 것도 먹지 않았습니다. 야생의 코끼리는 하루의 4분의 3을 먹이를 찾거나 먹이를 먹는 데 사용합니다. 그런 코끼리가 이틀 동안이나 먹이를 입에 대지 않았다는 것은 위험신호인 것입니다. 병이 났는지 생각해 보았지만 나카타 씨는 자신이 가볍게 했던 "발 들어!" 라는 한 마디로 나나짱이 먹이를 먹지 않게 되었다고 생각하였습니다.

동물원에서는 예전에 야생동물들에게 여러 가지 기술을 가르쳐 관람객들에게 보여주었던 적이 있습니다. 이를테면 동물들의 쇼입니다. 아사히산 동물원에서도 작은 나나짱에게 간단한 재주를 가르치기로 하였습니다. 담당자와의 관계를 잘 유지하기 위함이었습니다. 코나 다리를 들게 하거나 사람을 태우고 걷게 했던 것입니다. 벌써 20년 전의 일입니다. 당시에는 야생동물들에게 재주를 부리게 해도 대수롭지 않게 생각했었습니다. 오히려 관람객들이 즐거워하기 때문에 좋다고 생각했을 정도였습니다. 그것이 동물들에게는 얼마나 실례가 되는 일이었는지, 미안한 일이었는지 깨닫지 못했던 것입니다.

나카타 씨는 당시의 담당자에게 나나짱을 어떻게 조련했는지 물어

보았습니다. 그러자 관람객을 태우고 걷는 것은 극히 짧은 시간이었고 조련을 위해서 때리거나 하는 일은 일체 하지 않았다고 하였습니다.

나카타 씨는 생각에 잠겼습니다.

'나나짱은 조련을 받으면서 아프거나 고생스러운 경험은 하지 않았을 것이다. 그럼에도 불구하고 왜 먹이를 먹지 않는 사태에 이른 것일까?'

그것은 인간의 얕은 생각으로는 이해할 수가 없는 것입니다. 하지만 코나 다리를 드는 것은 나나짱에게 있어 즐거운 일이 아니었다는 것만은 분명할 것입니다.

'그런데도 나는 가볍게 생각하고 명령을 내려 버렸다. 나나짱은 나에 대해서 "너도 그런 짓을 강요하는구나" 하고 생각했을 것이다. 그래서 먹이를 먹지 않았던 것야'

'얼마나 섬세한 마음을 가지고 있는가!' 하고 나카타 씨는 다시 한 번 생각했습니다. 그리고 그것을 눈치채지 못했던 것에 대해서 나나짱에게 사과하였습니다.

"내가 나빴어, 미안해 나나짱."

걱정이 되는 것은 나나짱의 거식증입니다.

'이렇게 계속 먹지 않으면 어떻게 되는 거지?'

'혹시 죽지 않을까?'

기억력이 좋은 코끼리이기 때문에 갑자기 불안이 엄습해 왔습니다. 나카타 씨의 얼굴은 점점 어두워져 갔습니다.

동물원에 있는 많은 동물 중에서도 코끼리는 특히 인기가 많은 동물입니다. 온순한 눈매에 큰 몸체뿐만 아니라 코끼리가 가지고 있는 그 어떤 매력에 사람들이 끌리는 것 같습니다.

그러나 사육사에게는 코끼리가 가장 무서운 존재입니다.

"코끼리는 사육사에게 싫어하는 일을 강요당해도 그 자리에서 싫다는 기색을 보이지 않고, 그 일을 마음 속 깊이 간직하는 타입입니다. 더구나 기억력이 좋기 때문에 잊어버리지 않고 기억하고 있습니다. '저 사육사는 나한테 무지하게 물을 뿌렸었지.' 하고 기억하고 있을 것입니다" 하고 나카타 씨는 말합니다.

코끼리는 원래 몸집이 크기 때문에 코를 힘껏 흔들기만 해도 사람은 날라갑니다. 코끼리가 원한을 품고 있다가 그것이 어떤 계기로 한꺼번에 발산되는 경우에는 큰 사고로 이어집니다. 세계 각국의 동물원에서 코끼리에게 밟히거나 발에 차여서 죽은 사육사는 셀 수 없을 정도로 많습니다. 아사히산 동물원에서도 과거에 한 번 담당 사육사가 죽은 적이 있습니다.

특히 수놈에게는 주의가 필요합니다. 암놈에 비해 몸집도 크고 성질이 거칩니다. 게다가 행동을 파악하기 어렵습니다. 코끼리에게는 그러한 마음이 없었다고 해도 사고로 이어지는 경우가 있습니다.

아사히산 동물원의 사육사가 사고를 당한 것도 수놈 코끼리 때문이었습니다.

그러면, 코끼리들은 사육사를 무서워할 뿐인가 하고 생각하면 실제로는 오히려 그 반대이기 때문에 이상한 것입니다. 사육사나 수의사의 말에 의하면 코끼리의 그러한 행동을 신기한 듯이 말하는 사람들이 많다고 합니다.

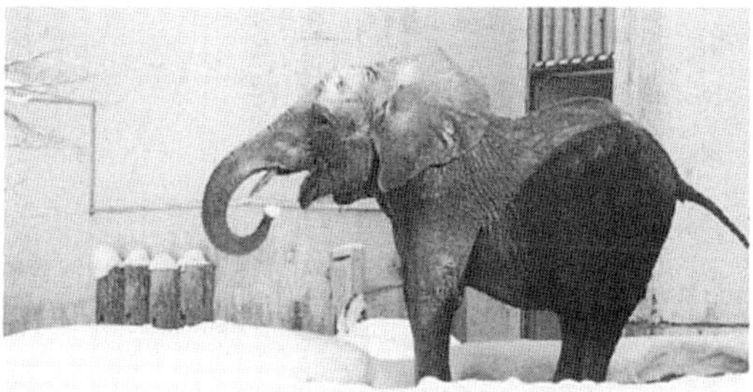

아사히산 동물원의 수의사 반도(坂東) 씨도 그 중의 한 사람입니다.

"우리 동물원에는 아사코라고 하는 착하고 온순한 코끼리가 있었습니다. 60년 정도 살았는데 그 존재감은 굉장했지요. 우리한테 잘 보이려고 하지 않았습니다. '인간은 상대하지 않아요' 하는 눈빛으로 담담하게 하루 하루를 보냈지요. 살아있기 때문에 살고 있다는 느낌을 받았는데 그것이 말할 수 없는 아름다움이었지요."

코끼리는 물론 야생동물입니다. 소나 말 같은 가축과는 별개의 동물입니다. 인간이 사육해서 번식시킨다고 해도 가축으로 기를 수는 없습니다. 게다가 인간이 아무리 조련을 해도 그렇게는 되지 않는다고 하는 무언가를 코끼리는 가지고 있습니다. 인간의 얕은 지혜를 초월한 존재의 존엄성을 코끼리는 가지고 있습니다. 인간들이 아무리 "코끼리, 좋아해요" 라고 말해도 우리들을 상대하지 않는 야생의 기품을 가지고 있다고 느껴집니다. 그래서 우리는 동물원에 가면 코끼리 앞에서 오랜 시간을 보내게 되는 것이지요.

다시 나나짱의 이야기입니다. 나카타 씨는 이제 "발 올려!" 같은 말은 일체 하지 않고 오로지 나나짱의 거식증이 낫기만을 기도하면서 보살폈습니다.

나나짱은 이틀 정도 상태를 보더니 "이 사람은 이제 나에게 이상한 짓을 시키지 않겠구나" 하고 알아차린 것 같았습니다. 사흘째 되는 날부터 조금씩 먹이를 먹기 시작했습니다. 그리고 닷새째 날에는 평소와 같은 먹보 나나짱의 모습을 보여주었습니다.

그리고 안심을 했는지 평상시와 같이 웃는 얼굴로 돌아왔습니다.

그로부터 다섯 달 후 나카타 씨는 나나짱을 떠나 바다표범과 맹수들을 사육하게 되었습니다. 그때까지 돌보았던 동물에게는 각별한 애정이 있습니다. 나나짱에게는 담당이 바뀌었다는 것을 알려주고 감정을 넣어 이별의 말을 하고 싶었습니다. 그러나 나카타 씨는 꾹 참고 평소와 똑같이 일을 하였습니다. 특별히 말을 걸지도 않았고 코끼리가 좋아하는 과일도 주지 않았습니다. 인간과 야생동물은 서로 간섭하지 않는 것이 가장 좋기 때문입니다. 나카타 씨는 아무 일도 없는 듯이 조용하게 나나짱의 곁을 떠나갔습니다.

Ⅱ
4,000 가지의 생활방식

네 번째 이야기 _ **타조 군이 원했던 것**

다섯 번째 이야기 _ **인간이란 무엇인가?**

여섯 번째 이야기 _ **고쿠의 아기**

네 번째 이야기 _

타조 군이 원했던 것

아사히카와 마을은 온통 하얀 떡가루 같은 눈으로 덮여 쥐죽은 듯이 조용합니다. 이 마을은 영하 20도까지 내려가는 날도 적지 않습니다. 1902년에는 영하 41도를 기록했는데 이것은 일본에서 관측을 시작한 이래 가장 낮은 기온이었습니다.

그렇게 추운 날 아침은 '쨍' 하고 소리가 날 것 같이 공기가 맑습니다. 사람 하나 없는 동물원은 너무 조용해서 다른 세상 같습니다. 그래도 귀를 기울여보면 '후후', '호 - 호 -', '끼끼' 하고 동물들의 숨소리가 들립니다.

북극곰과 펭귄은 아침 일찍 밖에 나갔다고 하는데 남쪽 나라에서 태어난 침팬지와 코끼리, 하마는 추운 것을 아주 싫어합니다. 겨울에는 난방이 들어오는 방에 틀어박혀 꼼짝도 하지 않습니다.

남쪽 나라에서 태어난 동물은 추운 곳에 나가면 안된다는 것이 동물원의 상식이었습니다. 찬 공기를 맞아 병에 걸리거나 죽은 다음에는 후회해봤자 아무 소용이 없습니다. 그러한 생각은 아사히산 동물원에서도 같았습니다. 아사히산의 단풍이 막바지에 이르고, 무거운 구름이 낮게 드리워지면 남쪽 동물들의 겨울나기가 시작됩니다.

따뜻한 햇살이 비치는 봄까지 '안녕' 입니다. 동물원도 반년 가까이 휴관에 들어갑니다.

그러나 이러한 상식을 완전히 뒤엎은 "사건" 이 일어났습니다.

그것은 봄이라고는 하지만 아직 동물원도 휴관 중인 3월인가 4월의 일이었습니다. 야마구치현에 있는 어느 동물원에서 타조 한 마리를 보내왔습니다. 아사히산에 있는 암컷 타조와 결혼시키기 위해서였습니다. 코스게 씨는 수의사였지만 여러 동물들의 사육도 담당하고 있었습니다.

타조는 그다지 예민한 동물이 아니고 키우기 쉬운 새라고 생각하여 코스게 씨는 가벼운 마음으로 말을 걸었습니다.

"어이, 타조 군 야마구치에서 홋카이도까지 잘 왔어. 차로 먼 길을 오느라 고생했네. 자네들은 기린이나 얼룩말이 뛰어노는 아프리카의 사반나에서 사는 새니까 아사히산의 겨울은 좀 추울지도 모르겠군. 하지만 방은 따뜻하고 여기 사육사들도 모두 재미있고 좋은 사람들이니까 서로 즐겁게 지내도록 하게. 우선 이거라도 먹고 기운을 차리게."

코스게 씨는 배추에 양배추, 닭고기 배합사료, 그리고 원숭이에게 주는 고체 사료를 섞어 타조에게 주었습니다. 그러나 타조는 외면하고 전혀 먹으려고 하지 않았습니다. 코스게 씨는 야마구치 동물원에 전화를 걸어 타조의 식욕에 대해서 물어보았습니다. 그러자 "여기서는 잘 먹었습니다." 라는 명쾌한 답변이 돌아왔습니다. 그래서 닭고기 배합사료의 제조사를 조사해 보게 하였습니다. 각 제조사에 따라 옥수수와 보리의 배합비율 등이 다르기 때문입니다.

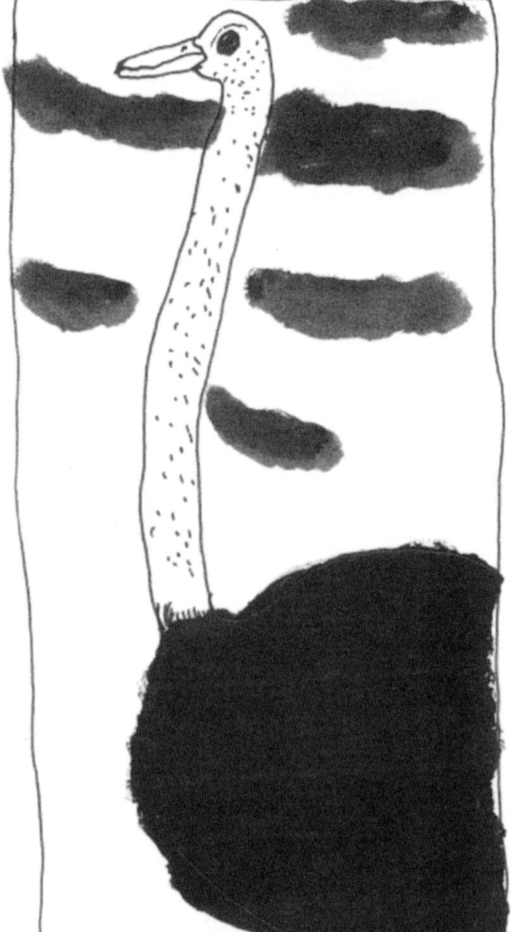

다음 날, 똑같은 제조사의 사료를 주문하여 타조에게 주었습니다. 그래도 전혀 관심을 보이지 않았습니다. 코스게 씨는 점점 걱정이 되기 시작하였습니다. 타조는 무엇이든 잘 먹는다는 이미지를 가지고 있었기 때문입니다. 그래서 타조가 아무 것도 먹지 않는다는 것은 조금 이상한 일이 아니라 아주 이상한 일인 것입니다.

또 야마구치 동물원에 전화를 걸었습니다.

"먹이를 어떤 식으로 주었습니까?"

"가장 아래에 양배추를 깔고 그 위에 닭고기 배합사료, 그리고 그 위에 원숭이에게 주는 고체사료를 올렸습니다."

'오! 성층화산 모양인가? 이것은 좀 중요할지도 모르겠군.'

코스게 씨는 내심 기뻐하면서 지금까지 섞어서 주었던 방식을 중단하고 성층화산 모양으로 먹이를 쌓아 올렸습니다.

그러나 그렇게 주어도 전혀 반응을 보이지 않았습니다.

어느덧 타조는 먹지도 마시지도 않고 1주일을 지냈습니다.

'이대로 가다가는 위험해, 죽어 버릴지도 몰라.'

코스게 씨는 눈이 충혈되었습니다. 낫을 꺼내들고 클로버를 찾으러 달려 나갔습니다. 클로버는 타조가 아주 좋아하는 먹이였습니다. 신선한 클로버라면 먹을지도 모르겠다고 생각하였습니다. 그러나 봄은 아직 산 너머 저쪽까지만 와 있어, 이쪽에서는 클로버가 좀체로 눈에 띄지 않았습니다. 밭 근처에서 겨우 발견한 부드러운 클로버를 낫으로 베어 타조가 있는 곳으로 급하게 가지고 갔습니다.

"자, 막 캐온 싱싱한 클로버다. 아사히산의 클로버는 아주 맛있어."

그렇게 말하고 타조에게 주자 타조는 클로버를 입에 물었습니다. 그러나 그대로 다시 뱉어버렸습니다. 평소 낙천적인 성격이어서 '어떻게든 되겠지' 하고 생각했던 수의사 코스게 씨도 몹시 난처해졌습니다.

"이젠, 두 손 두 발 다 들었다"

그리고 결심하였습니다.

"자, 이제 먹이 작전은 끝났다. 환경을 바꿔야겠다."

그렇게 외치자 있는 힘껏 방문을 열었습니다.

기본적으로 동물들은 새로운 환경에 나가려고 하지 않는 법입니다. 지금 있는 환경에서 살고 있다면 위험을 무릅쓰면서까지 새로운 환경을 찾지는 않습니다. 그러한 의미에서 매우 보수적이라고 할 수 있습니다. 타조도 무서워서 한 발자국도 나가려고 하지 않았습니다. 수의사 코스게씨와 사육사는 타조의 커다란 엉덩이를 밀어서 겨우 밖으로 내보냈습니다.

그러자 ……, 어찌된 일일까요?

타조는 하늘을 향해 긴 목을 뽑더니 그 크고 검은 촉촉한 눈동자로 태양을 쳐다보는 것이었습니다.

황홀한 듯이 5분 정도 태양을 응시했습니다. 그리고는 만족한 듯이 뒤를 돌아보았습니다. 코스게 씨는 기가 막히면서도 감동을 해서 타조의 상태를 살펴보았습니다. 그리고 무심결에 이렇게 물어보았습니다.

"먹이 줄까?"

"응."

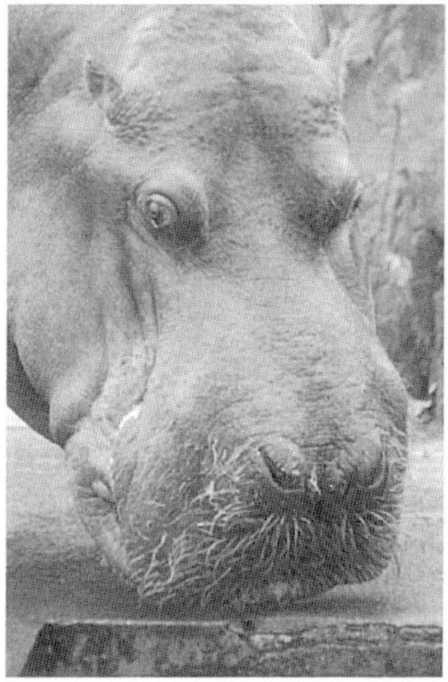

타조가 그렇게 말하는 것 같았습니다. 타조는 허겁지겁 먹이를 먹기 시작하더니 완전히 본래의 식욕을 되찾았습니다.

코스게 씨는 타조에게서 한 가지 가르침을 받았다고 생각하였습니다. 그것은 '태양 아래에서 살고 있는 생물이 태양을 보지 못한다는 것은 매우 괴로운 일'이라는 것입니다.

'남쪽 나라의 동물들에게 추위는 커다란 부담이 된다고 생각했지. 그래서 따뜻하게만 해 주면 된다고 생각했던 거야. 그래서 태양을 보게 해주는 것을 완전히 잊고 있었어.'

수의사 코스게 씨는 가슴속 깊이 반성하였습니다. '남쪽 나라의 동물들에게 태양을 보여 주어야 해. 하지만 그게 가능할까? 하루에 몇 시간이라면 추위에 견딜 수 있을까? 영하 몇 도까지 견딜 수 있을까?'

연구를 계속한 결과 기린은 영하 10도에서 3시간, 코끼리, 하마는 영하 10도에서 6시간 견딜 수 있다는 기준이 마련되었습니다. 몇 년이나 걸쳐 시행해 온 것이기 때문에 이 기준에는 절대적으로 자신이 있다고 합니다. 더욱이 이렇게 동물들을 밖으로 내보내면 동물들이 없는 동안에 방 구석구석까지 청소할 수 있고, 환기도 시킬 수 있어

좋은 환경을 유지할 수 있습니다. 실제로 해보니 동물들의 얼굴이 활기에 넘쳐, 건강을 유지하는 데도 좋다는 것을 알게 되었습니다.

그런데

북유럽 사람

과

동남아시아 사람

중에서 어느 쪽이 클까요?

북유럽 사람이지요.

이와 같이 동일한 종에서 보면 북쪽에 사는 종이 큽니다. 이것을 베르크만의 법칙이라고 합니다.

알기 쉬운 예로 말하면,

양동이 하나의 온수

와

컵 한 잔의 온수

중에서 어느 쪽이 빨리 식겠습니까?

물론, 컵 한 잔의 온수이지요.

체격이 큰 쪽이 추위에 강한 것은 체적에 비해 표면적의 비율이 작아 몸의 표면에서 열을 빼앗기는 비율이 작기 때문입니다. 남쪽

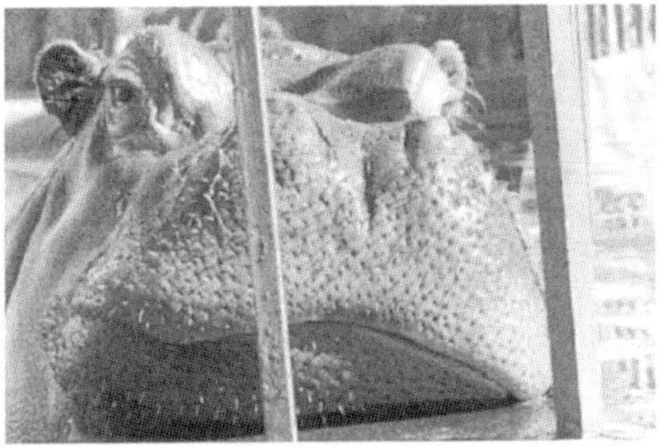

나라의 동물 가운데서도 코끼리나 하마, 기린 등 큰 동물들이 추위에 강한 것은 그러한 이유 때문입니다. 침팬지 등 작은 동물의 경우 눈 내리는 날 밖에 내보내면 대개는 동상에 걸립니다.

그리고 남쪽 태생의 동물을 밖으로 내보내도 아무렇지도 않은 것은 이러한 이유 때문입니다. 그들이 작열하는 태양 아래에서 살아갈 수 있는 것은 어딘가에서 열을 차단하고 있기 때문입니다. 열을 차단한다는 것은 외부의 기온에서도 몸을 지키는 효과가 있다는 것입니다. 더위에 강하다는 것은 추위에도 강하다는 것입니다.

이러한 이론과 오랜 기간의 경험에서 수의사 코스게씨는 결단을 내렸습니다. 지금까지는 겨울에 동물원이 문을 닫았는데 이제는 겨울에도 문을 열어 하마나 코끼리를 관람객들에게 보여주겠다고 말입니다. 3시간 정도라면 문제가 없다는 확신이 생겼습니다. 그래서 지금 아사히산 동물원은 일본에서 가장 북쪽에 있음에도 불구하고 겨울에도 문을 열고 있습니다. 타조 군도 굵은 다리로 눈 속을 걷고 있습니다.

다섯 번째 이야기 _

인간이란 무엇인가?

우리들 인간은 영장류(원숭이 무리)의 한 종류입니다. 원숭이의 무리는 지금 살아있는 것만도 약 200종류가 된다고 합니다. 그 중에서 우리는 진화의 계통에서 보면 침팬지, 고릴라, 오랑우탄에 가까운 종입니다.

인간과(科)

- 오랑우탄속
- 고릴라속
- 침팬지속
- 인간속

최근의 연구에 의하면 침팬지와 인간의 유전적 차이는 고작 1.23%라는 것이 밝혀졌습니다. 침팬지는 고릴라에 가까운 것이 아니라 인간에 가깝습니다. 지금까지의 분류에서는 인간과(科)와 성성과(科)(침팬지, 고릴라, 오랑우탄)로 나누어져 다른 무리로 알려져 있었습니다. 그러나 최근에는 인간과를 오랑우탄, 고릴라, 침팬지, 인간으로 분류하고 있습니다.

"아마 우리들의 공통 조상은 긴팔원숭이처럼 살고 있었는데 몸집이 커졌기 때문에 처음에는 오랑우탄이 분류되었고 다음으로 고릴라, 침팬지가 분류되었습니다. 그들이 인간이 된 것은 아닙니다. 공통의 조상을 가지고 있을 뿐이니까요. 공통의 조상을 가지고 있다는 것은 같은 생각을 하고 같은 감정을 가지고 있다고 생각해도 좋을지 모르겠네요."

코스게씨의 말입니다.

이러한 것을 생각하면서 이번 이야기를 읽어주시기 바랍니다.

어느 날 아사히산 동물원에서는 '쥐 퇴치위원회' 라는 것을 만들어 동물원에서 쥐를 내쫓아 버리기로 하였습니다. 쥐는 세균을 퍼뜨려 동물들의 건강을 해치는 귀찮은 존재입니다. 이를테면 동물원의 '천적' 입니다. 쥐를 내쫓기 위해서는 쥐의 행동을 조사해야 합니다. 어떻게 동물원에 진입하여 어느 정도의 먹이를 먹고 있는지 알 필요가 있습니다. 그래서 수의사 코스게 씨는 밤을 새워 '침팬지 사육관'을 지켜보기로 하였습니다. "침팬지 사육관" 은 동물원에서도 가장 쥐가 많은 장소이기 때문입니다.

코스게 씨는 그곳에서 침팬지의 놀라운 행동을 직접 목격했습니다.

"쥐 퇴치위원회가 발족했을 때 침팬지 사육관에는 두 마리의 침팬지가 있었지. 수놈인 키보와 암놈인 고쿠라는 놈이야. 내가 먹이를 주면 두 놈이 먹기 시작하지. 그러면 쥐가 쪼르르 천장에서 내려와 함께 먹는 거야. 그것을 침팬지들은 가만히 보고 있는 거야. 아! 나와 같은 일을 한다고 생각하는 것이겠지. 내가 초등학생 시절 흰쥐를 키웠는데 많이 번식해서 즐거워했던 적이 있지. 밤에 자지 않고 관찰했는데 먹이 먹는 것을 가만히 보고 있으면 얼마 안 있어 흰쥐가 자기 새끼들을 데리고 오는 거야. 얼마나 재미있던지. 침팬지도 마찬가지였어. 키보나 고쿠도 분명히 "아! 이렇게 먹이를 먹는구나"라든가, 얼마 안 있어 "흰쥐 숫자가 늘어났네" 라고 말하며 즐거워했던 거야. 그래서 나는 이해를 했어. 아! 인간과(科)의 동물들은 자신과 관계가 없는 동물에게도 관심이 있구나 하고."

계속해서 고쿠가 병아리를 애완동물로 키웠다는 이야기를 하겠습니다.

그것은 "쥐 퇴치위원회" 가 만들어지기 이전의 일로 당시 고쿠는 혼자서 살고 있었습니다. 그래서 그런지 고쿠가 외로워하는 것 같았습니다. 사육 담당자인 소카베 씨는 병아리라도 넣어주면 어떨까 하고 생각하여 고쿠에게 병아리를 한 마리 선물하였습니다.

"그랬더니 고쿠는 병아리를 품에 안고 함께 놀다가 밤에는 가랑이 사이에 넣고 자는 것이었어요."

만일 이것이 일본원숭이였다면 어떨까? 아마도 애완동물로 삼지는 않았을 겁니다. 어쩌면 먹어버렸을지도 모릅니다. 보통 야생동물은 다른 동물을 보았을 때 "아! 맛있겠다" 하고 생각하거나, 아니면 "이 동물은 무서우니까 가까이 가지 말자" 하고 생각한다고 합니다. 그 외에 자기와 상관이 없는 동물에게는 거의 관심을 보이지 않습니다. 그러나 인간과(科)는 다릅니다.

일생동안 만날 일이 없는 야생 팬더나 아무르호랑이를 걱정하거나 '매일 오는 물까치가 오늘은 아직 오지 않네. 무슨 일이 있나?' 하고 걱정하는 것이 인간입니다.

인간과(科)는 다른 동물들에게 관심을 보입니다. 특히 인간은 다른 동물과 함께 있으면 즐겁습니다. 동물을 보고만 있어도 미소를 짓게 되고, 그리고 관찰을 합니다. 이것이 인간과(科)의 특징이지요. 동물원에 가면 즐거워서 웃게 되는 것도 바로 이러한 특성을 가지고 있기 때문입니다.

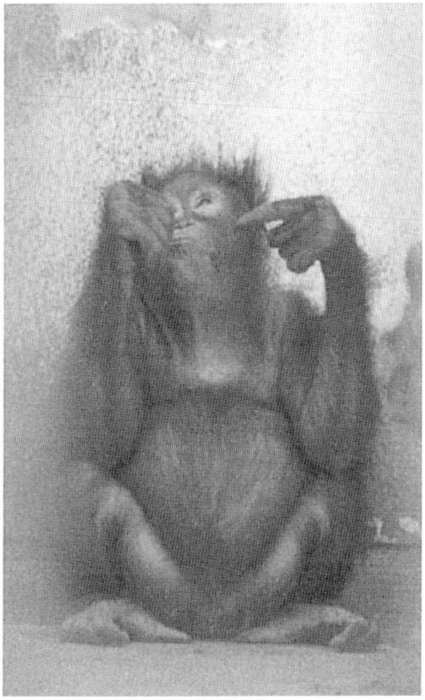

그리고 또 한 가지 인간과(科)의 동물은 웃는 특성을 가지고 있습니다.

"침팬지는 웃습니다. 이빨을 드러내고 웃습니다. 오랑우탄도 웃습니다. 하지만 원숭이는 웃지 않아요. 그러니까 찡그린 얼굴로 살아간다면 인간이라고 할 수 없지요.

일을 할 때에도 웃으면서 일하고 싸웠을 때에도 웃으며 헤어집시다. 이것이 당연한 것입니다. 웃는다는 것은 인간이라는 증거이니까요. 인간과(科)는 모두 웃고 애완동물을 주면 즐거워합니다. 이것이 인간과(科)의 특성입니다."

인간이란 무엇일까?

웃으면서 살고 다른 동물들과 함께 사는 것을 즐겁게 생각하는 동물입니다.

"이것이 인간의 특징인지 모르겠군요." 하고 수의사 코스게 씨는 빙그레 웃으면서 말합니다.

여섯 번째 이야기 _

고쿠의 아기

동물원에서는 해마다 많은 동물들이 탄생합니다. 아빠가 있고 엄마가 있으며 귀여운 아기가 있습니다. 아기가 엄마의 젖을 먹고 있는 모습을 보면 말할 수 없이 기분이 즐거워집니다.

반대로 혼자 사는 코끼리 나나짱, 물소 노시오, 검은 표범 팩을 보면 약간 불쌍합니다. '왜 한 마리 더 키우지 않을까' 하고 생각하게 됩니다.

하지만 이것은 우리가 마음대로 자신들의 생각을 동물에게 끼워맞추려는 것에 지나지 않습니다.

표범은 단독으로 행동하는 동물이기 때문에 특별히 짝과 함께 살지 않아도 외롭지 않습니다. 오랑우탄 수놈도 암놈과 함께 있는 것은 교미할 때뿐이고 그 외에는 계속 나무 위에 있으며 하루에 300m 정도밖에 움직이지 않습니다. 그래서 자신의 아기가 태어났다고 해도 안아주거나 귀여워해주지 않습니다. 오히려 아기가 가까이 오면 폭력을 휘두르는 일도 있습니다.

그러나 우리 인간들은 동물들이 항상 가족과 함께 있으며 암놈, 수놈 사이가 좋고 새끼들도 함께 키우고 있는 그러한 모습을 보려고 합니다. 이것은 그렇게 되기를 바라는 우리들의 생각일 뿐입니다.

우리 인간은 약 4,000 종의 포유류 중 한 종류에 지나지 않습니다. 따라서 약 4,000 종류의 다양한 생활방식이 있습니다. 그런데도 불구하고 왠일인지 인간들은 자신들이 가장 훌륭하다고 생각하며, 자신들의 가치관을 다른 동물들에게도 끼워 맞추려고 합니다. 암놈과 수놈이 사이좋게 새끼를 키우는 동물도 있지만 그렇지 않은 동물도 있습니다. 표범이 단독으로 행동하는 것을 선택한 이유는 그렇게 하는 것이 자연과 조화를 이루는 길이기 때문입니다.

왜 이러한 것을 말했는가 하면 이번 이야기를 하기 전에 그러한 것을 알아두었으면 하기 때문입니다.

이번의 여섯 번째 이야기는 침팬지 고쿠와 키보의 이야기입니다. 다섯 번째 이야기에서도 말했습니다만, 우리 인간들과 침팬지는 공통의 조상을 가지고 있기 때문에 행동이나 감정이 비슷합니다. 호랑이나 늑대, 하마 등과는 조금 다릅니다. 고쿠와 키보의 이야기는 인간과(科)인 침팬지의 이야기라고 생각하시기 바랍니다. 그리고 이것을 사자나 여우 등 다른 동물들에 적용시키지 않기를 바랍니다.

우리는 최근에 특히 야생동물, 예를 들어 호랑이나 코끼리 등도 인간과 같은 감정을 가지고 행동하고 있는 것처럼 생각하여 인간만이 즐거워하는 면이 있습니다. 이것을 의인화라고 합니다. 야생동물에게 양복을 입히거나 과자를 주거나 또는 단독으로 행동하는 동물을 보고 가족을 생각하시 않는다고 하는 등 ……, 예를 들면 끝이 없습니다. 이와 같이 살아 있는 동물을 의인화하는 일은 절대 하지 말아야 한다고 생각합니다.

포유류는 약 4,000 종류이며, 이들 중에서 생활방식이 같은 포유류는 한 종류도 없습니다. 그러한 점을 존중해주어야 하기 때문입니다.

아사히산 동물원에 고쿠라는 이름의 매우 멋진 침팬지가 있었습니다. 영리하고 얼굴도 잘 생겼으며 성격도 온순했습니다. 아마도 고쿠는 야생의 침팬지였을 것입니다. 부모를 잃고 보호받고 있었거나 밀렵으로 잡혀서 팔려왔거나 아무튼 어린 고쿠에게 어떤 일이 있었는지는 알 수 없지만, 동물판매상의 손에 이끌려왔던 것입니다.

"야생인지 아닌지는 동물의 체격이나 행동을 관찰해 보면 짐작할 수 있다" 고 수의사 코스게 씨는 말합니다.

소카베라는 사람이 침팬지를 담당했습니다. 소카베 씨는 오랫동안 침팬지를 돌보아 왔는데 그의 짓궂은 동료들은 "소카베 씨는 얼굴이 침팬지를 닮아가고 있다" 고 말합니다. "오토바이를 탄 뒷모습은 침팬지와 똑같다" 는 소문도 있는데 이러한 말에도 소카베 씨는 화를 내기는커녕 오히려 즐거워했습니다.

침팬지는 인간과 가장 가까운 동물이지만 그래도 어엿한 야생동물입니다. 애완동물과는 다릅니다. 힘도 세고 화도 잘 냅니다. 호랑이도 물어 죽인 적이 있다고 합니다. 사육사라고 해도 쉽게 침팬지의 방에 들어가지 못합니다. 더군다나 침팬지에게 한 번 원한을 샀다면 도저히 가까이 갈 수 없는 위험한 동물입니다.

그러나 아사히산 동물원의 침팬지들은 소카베 씨를 매우 신뢰하고 있어, 소카베 씨는 침팬지의 방에 들어가도 괜찮습니다. 좋아하는 소카베 씨와 함께 있고 싶어하는 것 같습니다. 하지만, 침팬지가 인정하는 사람은 소카베 씨뿐이었습니다. 전 사육사였던 아베 씨는 "내가 소카베 씨와 똑같은 일을 한다면 바보 취급하며 인정해주지 않았을 겁니다. 소카베 씨에게만은 침팬지 쪽에서 '헤헤 잘 부탁합니다' 하고 말하는 것 같다" 고 소카베 씨의 신통력을 증언하고 있습니다.

고쿠가 아직 혼자 살고 있을 때의 일입니다. 소카베 씨는 어떻게든 고쿠가 아기를 낳게 해주고 싶었습니다. "인공수정이라도 좋으니까 아기가 태어나게 해주고 싶다" 고 몇 번이고 수의사 코스게 씨에게 상담했을 정도입니다. 마침 그때 어느 동물원에서 "아무 쓸모 없는 수컷 침팬지가 한 마리 있는데 받아주지 않겠는가?" 하고 연락이 왔습니다. 우리 둘은 곧바로 그 침팬지를 보러 갔습니다.

"맥이 탁 풀렸어. 너무나도 보잘것없는 놈이었거든. 그놈은 아주 힘 세고 큰 왕초 침팬지에게 철저하게 학대받았던 거야. 정신적으로도 육체적으로도 완전히 지쳐 있었지."

아사히산 동물원에 왔을 때에도 보잘것없는 얼굴과 벌벌 떠는 모습을 보고 모두가 "이런 것 받아서 무얼 할 것인가?" 하고 생각할 정도로 형편없는 침팬지였습니다.

그러나 키보라는 이름의 그 수놈은 아사히산 동물원에서 1년, 2년 지내는 사이에 점차 얼굴 모습이 변하더니 훌륭한 수컷으로 변신을 했습니다.

어떻게 해서 그렇게 되었을까요?

고쿠가 키보를 키웠기 때문이었습니다. 고쿠는 키보를 보잘것없는 수놈이라고 해서 바보 취급하지 않고 열심히 돌보아 주었던 것입니다.

"형제처럼 키웠지. 그러고 보면 신기하지. 인정을 받음으로써 점차 남자다운 얼굴로 변해갔지. 역시 남자를 키우는 것은 여자라고 생각했어. 형편없었던 키보가 당당한 수놈이 되어 고쿠를 임신시켰던 거야."

일본의 동물원에는 교미가 되지 않는 수놈 침팬지가 많이 있다고 하는데 저 키보는 고쿠를 임신시켰던 것입니다. 이렇게 되자 수의사 코스게 씨도 깜짝 놀랐습니다. 소카베 씨도 아주 기뻐했습니다.

소카베 씨는 '고쿠의 젖이 잘 나오도록 찰떡을 먹여야 해. 영양을 더 보충해 주어야 해' 하며 집에서 여러 가지 음식을 가지고 와 고쿠에게 먹였습니다. 그러나 갑자기 고쿠의 얼굴이 이상해지더니 물을 정신없이 마시는 것이었습니다. 그러더니 결국 뱃속의 아기는 죽어

버렸습니다. 그때까지 임신이 순조롭게 진행되었기 때문에 코스게 씨는 당황하였습니다. 하지만 첫 임신이었기 때문에 "다음에는 꼭 잘 될거야" 하고 자신을 달래며 다음번을 기대했습니다.

고쿠에게 다시 아기가 생겼습니다. 그러나 지난번과 완전히 똑같은 과정을 거쳐 이번에도 사산이 되어 버렸습니다. 이렇게 되자 모두가 실망을 하고……. 수의사 코스게 씨는 "아무래도 이상해" 하고 산부인과 의사를 찾아갔습니다. 고교 시절의 동급생으로 잘 알고 있는 사람이 아사히카와에 있었기 때문입니다. 이야기를 들은 의사는 말했습니다.

"코스게, 그건 임신중독증이야. 단백뇨가 나오지 않았나?"

"응, 나왔어."

"이대로 가다간 생명이 위험해."

임신중독증이라는 것은 임신이 원인으로 일어나는 병으로 엄마가 죽거나 뱃속의 태아가 죽거나 또는 잘 성장하지 않는 무서운 병입니다. 사람만 걸리는 병인줄 알았더니 침팬지도 걸리는 병이었던 것입니다. 그래서 코스게 씨는 임신중독증 치료법을 배웠습니다. 그것은 '저칼로리요법'이라고 해서 철저하게 식사를 제한하는 방법입니다. 임신 중인데도 극단적으로 먹이를 적게 주면 뱃속의 아기도 죽지 않을까 하고 코스게 씨는 머리를 갸우뚱하였습니다.

"아니, 죽지 않아. 동물의 몸은 반드시 다음 생명에게 배턴을 넘겨줄 수 있도록 만들어져 있어. 엄마는 걸을 수 없을 정도로 비쩍 말라도 태아는 무럭무럭 자라지."

친구인 그 산부인과 의사는 저칼로리요법으로 심한 임신중독증 환자를 몇 명이나 출산에 성공시킨 적이 있었습니다.

"틀림없어. 반드시 할 수 있어"

수의사 코스게 씨는 결심하였습니다.

그때까지 3,300칼로리였던 고쿠의 식사를 900칼로리로 줄인 것입니다. 먹이는 배추만 주었습니다. 그러자 고쿠는 마구 화를 내며 소카베 씨에게 "왜 먹이를 주지 않는 거예요?" 하고 대들었습니다. 침팬지이기 때문에 먹이를 줄인 이유를 이해하지 못합니다. 임신중독증이기 때문에 칼로리를 낮추고 있다고 말해도 통하지 않습니다.

소카베 씨는 마침내 수의사 코스게 씨에게 하소연하였습니다.

"불쌍해서 더 이상 이런 짓은 못하겠어요. 이제 이런 식단은 중단해 주세요."

그때마다 코스게 씨는 소카베 씨에게 말했습니다.

"고쿠에게 아기를 안겨주자구."

그러면 소카베 씨는 머리를 끄덕이며 수긍하고 돌아가는 것이었습니다.

어느 날 소카베 씨는 고쿠가 걱정이 되어 밤중에 몰래 보러 갔습니다.

적막한 밤 동물원에서 키보와 고쿠는 각자의 방으로 들어갑니다. 소카베 씨가 살짝 엿보자니 왠지 두 마리가 움직이고 있는 듯한 낌새가 보였습니다.

키보가 촘촘한 우리의 틈새로 고쿠에게 음식을 전해주고 있었던 것입니다. 키보는 보통식을 먹기 때문에 치즈도 받고 있었습니다. 그 치즈를 집게손가락과 가운데손가락 사이에 끼워서 고쿠에게 주는 것이었습니다. 그러자 고쿠는 키보에게 "고마워, 고마워" 하고 말하는 듯이 머리를 위아래로 흔들며 먹었습니다.

다음날 아침의 일입니다. 소카베 씨는 눈물을 흘리면서 수의사 코스게 씨에게 하소연하였습니다.

"코스게 씨, 저는 이제 더 이상은 못하겠어요. 고쿠가 불쌍해서 견딜 수가 없어요. 이제 그만합시다. 새끼도 필요 없어요."

코스게 씨는 어떻게든 소카베 씨를 설득해야만 했습니다.

"지금까지 잘 참고 견디어 왔잖아. 앞으로 두 달 남았어. 반드시 새끼가 태어날 거야. 조금만 기다리면 돼. 고쿠에게 새끼를 안겨주자구."

소카베 씨는 어쩔 수 없이 "네" 라고 대답했습니다. 고쿠에게 고구마를 줄 때도 소카베 씨는 5mm 정도로 네모나게 썰어서 주었습니다. 고쿠는 배가 고프다며 "빨리 주세요. 빨리요" 하고 조르는 것을 몇 시간에 걸쳐서 주었던 것입니다.

8월 18일의 일이었습니다. 소카베 씨가 숨 가쁘게 달려와 큰 소리로 "새끼가 태어났어요. 살아 있어요" 하고 외쳤습니다.

코스게 씨는 "우왓-" 하고 소리치며 고쿠가 있는 곳으로 단숨에 달려갔습니다. 그러자 고쿠는 소카베 씨에게 "자, 보세요" 하면서 자기의 새끼를 보여주었던 것입니다. 야생동물의 경우, 어미가 새끼를 감추듯이 안고 있어 출산을 확인할 수 없는 경우도 있지만, 그러나 고쿠는 일부러 소카베 씨에게 자기의 새끼를 보여주었던 것입니다.

그러나 ……. 코스게 씨가 "우와" 하고 달려가 고쿠를 본 순간 고쿠는 홱 돌아서서 외면해 버렸습니다.

"나에게 등을 돌렸어. 아기를 전혀 보여주지 않았지. 수의사는 여기에서 미움받는 존재야. 내가 가면 먹이도 줄고 주사도 맞아야 하고 ……, 좋은 일이 없는걸. 그래서 나를 정말 미워했을 거야."

그것은 동물원에서 일하는 수의사의 숙명입니다. 동물에게는 아무래도 미움을 받기 마련입니다. 똑같이 동물을 사랑한다고 해도 사육사와는 반대의 입장이 되어 버리는 것입니다.

그런데 소카베 씨에게는 이런 에피소드도 있습니다. 키보와 고쿠 사이에 태어난 새끼는 '리노' 라는 이름이 붙여졌습니다. 소카베 씨는 방 청소를 할 때 리노를 등에 업고 빗자루로 바닥을 씁니다. 그런데 그때 마침 키보가 왔다고 합니다. 그래서 빗자루를 건네주었더니 키보가 바닥을 쓸더라는 것입니다.

이 이야기는 침팬지가 영리하여 인간의 흉내를 잘 낸다는 흥미로운 이야기지만 실은 소카베 씨의 행동도 놀랄 만한 것입니다. 어른 수컷 침팬지 근처에서 청소를 한다는 것은 생각할 수 없는 일이기 때문입니다. 어른이 된 수컷은 매우 위험합니다. 언제 사고가 일어나도 이상하지 않을 정도입니다. 그러나 소카베 씨의 경우는 예외였습니다. 고쿠는 소카베 씨를 매우 신뢰하고 있었고 키보는 그 고쿠가 키웠기 때문에 키보도 소카베 씨를 인정하고 친밀해질 수 있었다고 수의사 코스게 씨는 생각하고 있습니다.

아사히산 동물원에서 태어난 리노는 무럭무럭 잘 자랐습니다. 다섯 살이 되었을 때 리노는 고베에 있는 오지 동물원에 보내졌습니다.

"그랬더니 리노가 새끼를 나았다는 연락이 온 거예요. 나와 소카베 씨는 기뻐서 고베에 달려 갔지요. '리노' 하고 말을 걸었더니 리노가 소카베 씨의 목소리를 알아듣고 소카베 씨를 막 찾는 거예요. 소카베 씨를 발견한 순간 리노는 소카베 씨 곁으로 바짝 다가와서는 보란 듯이 자기 새끼를 보여주는 거예요. 나에게 말고 소카베 씨에게 말이지요. 소카베 씨는 '그래, 리노 잘했다.' 하고 말해주었지요. 눈에는 잔뜩 눈물을 머금고, 나도 울었어요. 침팬지와 인간은 마음이 깊게 통한다고 생각했지요."

고쿠도 소카베 씨도 이제 이 세상에는 없습니다.

키보는 서른 일곱 살이 되었습니다. 이제는 아사히산 동물원의 침팬지 우두머리로서 군림하고 있지만 요즈음은 젊은 수컷 심버가 그 자리를 노리고 있는 것 같습니다.

III
동물원의 위기

일곱 번째 이야기 _

가난한 동물원

아사히산 동물원은 돈이 없는 가난한 동물원이었습니다.

동물원을 찾는 사람들이 적기 때문에 수입이 적고, 아사히카와시 예산도 바닥이 났기 때문입니다.

아사히카와시 의회의 의원 중에는 "저런 동물원에 해마다 2,3억엔이나 되는 돈을 쏟아부어 무얼하느냐. 시민의 세금은 도로나 다리의 건설 같은 좀 더 도움이 되는 곳에 써야 한다" 며 동물원을 눈엣가시로 여기는 사람도 있습니다. 높은 사람들이 그렇게 말하기 때문에 해마다 동물원의 예산은 한숨이 나올 정도로 적게 책정됩니다.

그래서 동물들을 편안히 살게 해줄 수도 없고 오래되어 낡은 동물 우리를 다시 지을 수도 없습니다. 모두가 억울하게 생각하였습니다. 특히 당시의 원장인 칸노 씨나 수의사 코스게 씨, 사육계의 마키타 씨나 아베 씨는 이를 갈며 억울해 하였습니다.

하지만 이상한 일입니다. 돈이 없는 상태가 오래 지속되었는데도 오히려 꿈만은 점점 부풀어 갔고 그 꿈은 말도 안 되게 커졌습니다. 아사히산 동물원의 경우, 돈이 없는 상태가 20년 정도 지속되었습니다. 그렇게 되자 올해도 새로운 예산은 책정되지 않겠구나 하고 예측을 할 수 있습니다. 하고 싶은 일을 할 수 있게 해주는 돈은 이제 들어오지 않겠구나 하고 포기해 버립니다. 그래서 오히려 꿈 속에서 자유자재로 놀 수 있었습니다.

"펭귄은 바닷속에서는 무서운 속도로 헤엄치고 다녀. 바다 같은 펭귄관이 있으면 재미있겠지?"

"응. 바닷속에 터널을 만들어 관람객들이 그곳을 걷게 한다든가……"

"관람객들이 깜짝 놀랄 거야. 펭귄이 헤엄치는 모습을 보면 펭귄이 새라는 것을 실감할 수도 있고."

"육지에서는 뒤뚱뒤뚱 걸어도 물속에서는 눈이 빙글빙글 돌 정도로 빨리 날아다니는걸."

그들은 매일 매일 그러한 이야기를 했습니다. 점심 때에도, 일이 끝나고 나서도, 휴일에도 서로 토론하고 꿈을 이야기했습니다. 열띤 토론은 밤중까지 계속되어 잠도 자지 않고 이야기하는 일도 자주 있었습니다.

동물원에서 일하는 사람들은 모두 마음이 맞는 동료들이었지만 그 이전에 전문가 집단이었습니다. 직업인으로서 아사히산 동물원에 있는 이상 제대로 된 일을 하고 싶다고 진지하게 생각했습니다.

"원래 동물원이란 무엇인가?"

"우리들은 동물들과 어떻게 지내야 하는가?"

"아사히산 동물원은 무엇을 위해 존재하는가?"

해가 뜨나 해가 지나 그러한 이야기만 했습니다. 모두가 얻으려고 했던 것……, 그것은 '동물원의 철학' 이었습니다.

어느 날 아베 씨는 마키타 씨의 집에 갔다가 깜짝 놀라고 말았습니다. 데스몬드 모리스의 『나체의 원숭이 - 동물학적 인간상』, 가와이마사오(河合雅雄) · 이와모토미츠오(岩本光雄) · 요시바켄지(吉場健二)가

쓴 『세계의 원숭이』 등 동물에 관한 책들이 천장에 닿을 정도로 높게 쌓여 있었기 때문이었습니다. 월급의 절반 이상을 책값으로 쓰고 있는 것이 아닐까 하고 생각될 정도였습니다.

"좋아, 나도 지지 않을 거야."

아베 씨도 지지 않고 공부하고 또 토론하였습니다. 그것이 즐거워서 견딜 수가 없었습니다. 동물원에서 수의사 코스게 씨나 마키타 씨와 토론하거나 '아사히산 동물들' 이라는 팀을 만들어 야구를 하는 것이 재미있어서 집에 돌아가는 시간은 항상 늦었습니다.

마침내 그 토론은, 반죽을 한 점토가 꽃병이 되거나 찻잔이 되듯이, 어떤 형태를 갖추기 시작했습니다.

우선 아사히산 동물원에는 '그 지방 동물들에 대해서 책임감을 갖는다' 는 생각이 형성되었습니다. 아사히산 동물원은 아사히카와 시에 있습니다. 아사히카와 시에는 다이세츠산(大雪山) 봉우리나 이시카리강(石狩川)이 있어 많은 생물들이 살고 있습니다. 그 자연이나 생물에 대해서 '우리들이 책임감을 갖자' 고 생각했던 것입니다. 그래서 동물원 내에 홋카이도 다람쥐나 홋카이도 사슴, 북극여우, 홋카이도 너구리, 참깨점박이바다표범, 수리부엉이, 올빼미 등 홋카이도산 동물들을 많이 전시하였습니다. 그 결과 현재, 아사히산 동물원에는 약 150종, 800마리나 되는 동물들이 있지만 그 삼분의 일은 그 지방 동물들로 구성되어 있습니다.

또 다친 동물들을 적극적으로 보호하고 재활시켜, 사육할 수 있는 동물은 관람객들에게 보여주기로 하였습니다. 예를 들어 홋카이도

불곰 '돈코' 도 그렇고, 참깨점박이 바다표범 '걸' 은 어선 스크류에 걸려 부상을 당해 보호를 받았습니다. 라우스의 먼 바다에서 태어난 카무이는 태어나자마자 길을 잃었다가 붙잡혀 보호를 받고 있습니다.

그때부터 "야생동물은 애완동물과도 다르고 가축과도 다른 동물"이라는 생각이 형성되었습니다. 애완동물이나 가축은 인간이 인간을 위해 개량해서 만든 동물입니다. 그래서 애완동물과는 친구가 될 수 있고 가축은 식용으로서 우리들이 살아가기 위한 양분으로 할 수 있습니다. 그러나 야생동물은 애완동물도 가축도 아닙니다. 야생동물은 야생동물로서 살고 있습니다. 인간을 위해서 살고 있는 것이 아니기 때문에 그 경계선을 확실하게 해야만 합니다. 산에 가서 원숭이나 곰을 보았다고 해서 먹이를 주는 것은 잘못된 일입니다. 물론 공원의 비둘기도 마찬가지입니다. 동물원에서 사육되고 있는 야생동물들에게도 너무 친밀하게 대하거나 지나치게 간섭해서는 안 된다고 생각하였습니다. 물론 야생동물들에게 재주를 부리게 하거나 쇼를 하게 하는 일은 절대로 하지 않습니다. 동물원에서는 야생동물이 야생동물로서 살고 있는 것을 가장 중요하게 생각하여, 좋은 환경을 만들어서 관찰하는 것을 철학으로 하고 있습니다.

"사육사는 동물과 관람객 사이에서 통역관이 되어야 한다"는 것도 아사히산 동물원의 철학입니다. 사육사는 동물에게서 얻은 정보를 관람객들에게 전달할 책임이 있습니다. 그렇지 않으면 세계에서 모인 동물들에게 미안한 일이라고 모두가 생각했습니다. 동물원에서 살아주고 있는 동물들에게 은혜를 갚기 위해서라도 사육사는 동물들을 잘 관찰해서 그것을 관람객들에게 전달해 나가려는 목표를 세웠습니다.

이렇게 해서 아사히산 동물원은 독자적인 철학을 만들어 나갔습니다. 열띤 토론을 벌여 철학을 갖게 되었고 열심히 공부해서 이론을 알게 되었으며 그것을 동물원 내에서 실행하고 있기 때문에 무서울 것이 없습니다. 동물학자나 동물원 관계자가 모이는 학회나 연구회에 나가면 토론을 하다가 공격을 당하거나 날카로운 질문을 받기도 합니다. 많은 연구발표도 하였습니다. 그러한 이유로 아사히산 동물원은 옛날부터 전문가들 사이에서는 유명했습니다. "북쪽 지방의 변두리에 있는 가난하고 작은 동물원 주제에 정말 까다로운 놈들이다. 저놈들은 이상한 집단이야." 하고 말합니다.

그러한 외곬이나 열정에서 보면 아사히산 동물원의 모든 식구들은 '이상한 놈들' 임에 틀림없었습니다. 돈이 없다는 것이 "아사히산 동물원의 철학" 을 순수하고 강하게 만들었기 때문입니다.

아베 씨는 유명한 그림동화 작가입니다. 이 책의 표지와 삽화를 그려준 재미있는 아저씨입니다. 그림동화 작가가 되기 전에는 아사히산 동물원에서 사육사 일을 했습니다. 25년간 좋아하는 동물들과 존경하는 동료들과 함께 "무슨 이유인지 모를 정도로 열심히" 일을 했습니다. 사육사 시절에는 한 번도 동물들의 스케치를 한 적이 없었지만, 항상 화가의 눈으로 관찰했었기 때문에 코끼리라면 뱃속도 그릴 수 있을 정도로 동물의 몸 구조와 표정을 잘 알고 있습니다.

아베 씨는 수의사 코스게 씨나 마키타 씨와 함께 아사히산 동물원의 철학에 대해서 여러 가지로 생각했습니다. 그리고 사육사는 동물과 관람객 사이의 통역관이라고 생각하기에 이르렀을 때 퍼뜩 어떤 아이디어가 떠올랐습니다.

"그렇다, 사육사가 관람객들과 직접 만나는 거야."

동물원의 사육사는 가능한 한 밖으로 나가지 않고 사람 눈에 띄지 않게 조용히 동물들을 돌보는 직업이라고 생각하였습니다. 그러나 그들은 정반대의 일을 했던 것입니다.

그 한 가지가 지금도 계속하고 있는 원 포인트 가이드입니다.

매주 일요일과 휴일, 사육사가 담당하고 있는 동물 앞에서 30분 정도 그 동물에 대해서 설명을 합니다. 예를 들어 하마의 경우……,

"하마는 학명이 히포포타무스 아무피비우스이며 우제목 하마과에 속합니다."

이렇게 말하면 백과사전 같아서 관람객들은 지루해합니다. 아사히산 동물원에서는 이렇게 설명합니다.

"우리 하마는 '곤' 이라고 하며 일본에서 가장 큰 하마입니다. 이제 마흔살이 되었고 이 동물원이 처음 문을 열었을 때부터 여기에 있었지요. 암컷 '자브코' 와는 사이가 아주 좋아서 새끼를 열한 마리나 낳았답니다. 하지만 요즈음 '곤' 은 눈에 띄게 약해져 '자브코' 가 가까이 오면 부리나케 도망갑니다."

오리의 변신

오리의 몸에는 1년에 두 번 새로운 날개가 돋습니다. 7월경 번식기가 끝나면 수컷의 화려한 날개는 빠지고 암컷과 같은 날개가 돋습니다. 이것을 에클립스(eclipse) 날개라고 합니다. 이때에도 물오리의 경우는 주둥이 색으로 암컷, 수컷을 구별할 수 있습니다(수컷은 황록색, 암컷은 적황색). 11월경부터는 다시 털갈이가 시작되어 수컷은 화려한 날개가 돋아납니다. 털갈이는 1년에 한 번 합니다.

하마라고 하기보다는 자브코와 곤으로 보아주길 바란다는 것을 알 수 있습니다. 원 포인트 가이드는 야생동물의 멋진 모습을 전달함과 동시에 사육계의 매력도 전합니다.

원 포인트 가이드를 시작하기에 앞서 아베 씨 그룹이 정해 놓은 것이 있습니다. 그것은 '절대로 쉬지 않는다' 는 것입니다. 비가 내리거나 폭풍이 불어도 절대로 중단하지 않는다는 것입니다. 실제로 태풍이 불어도 강행하였습니다. 그때에는 동물원 안에 관람객이 4명밖에 없었습니다. 남녀 커플이 두 쌍 있었는데 절대로 중단하지 않고 필사적으로 관람객들에게 설명했습니다.

원 포인트 가이드를 위해서 아베 씨는 매주 포스터를 그리고 광고지를 나누어 줍니다. 한 명이라도 더 많은 관람객들이 와 주기를 바라는 마음에서입니다. 사육사들은 긴장해서 횡설수설하기도 하고 이야기를 잘 하지 못하는 경우도 있습니다. 하지만 그 동물에 대해서 가장 잘 알고 있는 사람이 바로 사육 담당자이고, 가장 애정을 가지고 있는 사람도 역시 사육 담당자입니다. 그 동물에 대한 설명은 서툴러도 애정은 잘 전달합니다.

원 포인트 가이드는 평이 매우 좋았습니다. 사육사도 조금씩 "통역관" 으로서 자신을 가지게 되었습니다.

그러한 것을 학회에서 발표하면 큰 동물원 사람들은 어이없어 하며 "왜 그런 일을 하는 거지?", "당신들 동물원은 좀 이상해" 하며 감동받았다는 듯한 표정을 짓습니다.

왜 그런 일을 했을까요?

돈이 없었기 때문에, 하지만 어떻게든 동물들에 대한 정보를 전달하고 싶었기 때문에 돈이 없어도 할 수 있는 방법을 생각했던 것입니다.

돈이 없는 동물원은 이렇게 해서 애정을 전달하는 동물원으로 탈바꿈해 갔습니다.

여덟 번째 이야기 _

최악의 상황에서도 즐거운 사람들

원 포인트 가이드가 시작된 1986년, 몸이 호리호리한 수의사 한 분이 아사히산 동물원에 부임해 왔습니다. 바로 겐 선생님이라고 알려진 반도겐 씨였습니다. 겐 선생님은 수의사가 되지 않았으면 목수가 되려고 했을 정도로 무엇이든 만드는 것을 무척 좋아하는 사람이었습니다.

아사히산 동물원에 막 들어왔을 때의 일입니다. 지금도 겐 선생님의 마음속에 맺혀 있는 어떤 사건이 있었습니다.

어느 날 불곰 새끼가 보호를 받고 있다는 보고가 들어와, 동물원에 실려 들어오게 되었습니다. 엄마 곰은 죽은 것 같았습니다. 아마도 민가에 너무 가까이 내려왔다가 사살된 것 같았습니다.

그 새끼곰은 동굴에서 나오자마자 이런 일을 당한 것 같은 순진무구한 표정을 짓고 있었습니다. 너무 귀여워서 겐 선생님은 무심결에 안아주고 싶은 기분이 들었습니다.

"자, 우유 먹어 보렴."

그러나 새끼곰은 절대로 마음을 놓지 않았습니다. 우유가 눈 앞에 있는데도 먹지 않았습니다. 기다리다 지친 겐 선생님은 잠시 화장실에 가려고 자리를 떴습니다. 그리고 다시 방에 돌아와보니 우유가 없어진 것이었습니다. 겐 선생님은 머리를 망치로 얻어맞은 듯이 흔들거렸습니다. 현기증이 나서 쓰러질 것 같았습니다.

'오! 너는……. 이렇게 작은데도 훌륭한 야생동물이로구나. 내가 보고 있었다면 우유를 먹지 않았겠지? 죽는다고 해도 먹지 않을 각오였구나.'

어린 시절 겐 선생님은 곤충이나 물고기, 새를 많이 키웠습니다. 놓아서 기르던 사랑새가 온 집안을 날아다니다 신발장에서 번식을 했을 정도였습니다. 생물에 대해서 많이 알고 있었지만 그들과는 전혀 다른 "생명" 이 그곳에 있었습니다.

자연계에는 먹히는 것과 먹는 것이 함께 살고 있습니다. 다른 생물에게 손을 댄다는 것은 죽음을 의미합니다. 그래서 작은 새끼곰은 겐 선생님에게도 마음을 놓지 않았을 것입니다. 그래서 절대로 우유를 먹지 않았던 것입니다. 새끼곰은 그 작은 생명 속에 이미 자연계의 "법칙" 을 터득하고 있었던 것입니다.

무언가에 의존하지 않으면 살아갈 수 없을 만큼 작은 생명체임에도 불구하고 절대로 방심하지 않습니다. 그것은 훌륭한 야생의 생활 방식입니다.

"훌륭해! 너는 참 멋지구나!"

겐 선생님은 마음속 깊이 새끼곰을 존경하였습니다.

수의사로서 일하기 전에는 동물은 애완동물과 가축밖에 몰랐습니다. 애완동물에게는 적이 없습니다. 인간이 안전을 보장하고 자신들이 키우기 쉽도록 만든 동물입니다. 애완동물 쪽에서도 인간은 안전하다고 알고 있기 때문에 따르는 것입니다.

그러나 야생동물은 그와는 전혀 다른 동물입니다.

자기 앞에 우유가 있고, 그것을 먹지 않으면 죽는다고 해도 다른 동물(인간)이 있는 한 먹지 않는 것입니다.

그런 동물이 있다는 것을 겐 선생님은 처음 알게 되었습니다.

그 완고한 생활방식에 경의를 표했습니다. 애완동물같이 잘 따르거나 애교를 떨거나 어리광을 부리지 않습니다.

살아 있기 때문에 살아가고 있는 것입니다.

그 순수함, 깨끗함, 그것이 야생동물이라고 생각했습니다. 야생동물이란 인간의 사고방식으로는 도저히 이해할 수 없는 이질적인 생활을 하는 동물이라는 것을 겐 선생님은 깊이 깨달았습니다.

겐 선생님이 아사히산 동물원에 들어왔을 때 수의사 코스게 씨와 마키타 씨, 아베 씨는 그 "철학 찾기 토론"을 하고 있었습니다. 그것은 부글부글 끓는 크림스튜같이 뜨거워서 겐 선생님도 바로 그 뜨거운 토론의 열기 속으로 빨려 들어갔던 것입니다.

당시의 원장인 칸노 씨는 젊은 사람들에게 큰 기대를 걸고 있었습니다.

"머지 않아 여러분들의 시대가 올 것입니다. 지금부터 장래의 이상적인 동물원의 모습을 구상해 놓아야 합니다."

네 사람의 토론이 더욱 뜨거워진 것은 말할 나위도 없습니다. 이런 비디표범관이 있었으면 좋겠다느니, 이런 식으로 사자의 멋진 모습을 보여주었으면 좋겠다느니 등등 끊임없이 아이디어가 샘솟았습니다. 꿈은 점점 부풀어올랐습니다. 하지만 돈이 없기 때문에 그 계획은

실현되지 않았습니다. 기상천외해서 현재의 건축기술로는 세울 수도 없었지만 그런 것은 아무래도 좋습니다. 자신들의 이상만을 추구한 아이디어였으니까요.

겐 선생님은 원래 목수가 되려고 생각했을 정도이니까 건축가로서의 재능이 있었습니다. 바닷속을 헤엄치는 펭귄의 멋진 모습을 실감할 수 있는 시설이 있었으면 좋겠다는 꿈을 겐 선생님은 머릿속에서 구체화시킬 수가 있었습니다.

모든 사람의 아이디어를 겐 선생님이 머릿속에서 설계하고 그것을 아베 씨가 그림으로 그렸습니다. 그렇게 해서 만들어진 것이 14장의 스케치입니다. 이것은 나중에 "기적을 일으킨 14장의 스케치" 로 유명해졌지만 당시에는 달콤한 꿈에 지나지 않았습니다.

그러나 현실은 비참했기 때문에 아사히산에 살고 있는 까마귀라면 그때의 모습을 이런 식으로 말했을 것입니다.

"그때는 참 비참했지. 건물은 낡아 여기저기 구멍이 났고 엉망이었어. 관람객들은 '이렇게 더러운 곳에 들어온 동물들이 불쌍하지' 하고 자주 말했었지. 너무 낡아서 이대로 가다간 호랑이나 사자가 언제 뛰쳐나갈지도 모른다고 생각했지. 아무르호랑이가 뛰쳐나가 근처의 민가에라도 갑자기 나타난다면 큰일이지. 그렇게 되기 전에 맹수들을 처분해야 한다고 그들은 진지하게 생각했었어. 지금은 '기적을 일으킨 14장의 스케치' 라고 칭송을 받고 있지만 우리들이 보기에는 '어떻게 그런 이상한 놈들이 네 명이나 모였을까?' 하고 생각해. 그런 장래가 불투명한 상황에서도 즐거워하면서 일을 했기 때문이지. 보통 사람들이라면 일하기 싫었을 거야. 그런데 더욱 훌륭한 것은 자신들의 꿈을 절대로 버리지 않았던 거지. 그것이 기적이라는 거야."

겐 선생님이 동물원의 수의사가 되고 나서 절실하게 느꼈던 것은 "야생동물은 야생동물로서 떳떳하게 살고 있다" 는 것이었습니다. 저 새끼곰이 그것을 가르쳐 주었습니다. 또 한 가지 선생님이 충격을 받았던 것이 있습니다. 그것은 동물원의 동물들은 "불쌍하지 않다" 는 것이었습니다.

동물원에 오기 직전까지 겐 선생님은 동물은 야생으로 사는 것이 가장 좋기 때문에 동물원에 가두어 두는 것은 "불쌍하다" 고 생각했었습니다. 그러나 수의사가 되고 나서 그렇지 않다고 생각한 적이 몇 번이나 있었습니다. 야생에서는 4년밖에 살지 못하는 홋카이도다람쥐가 15~6년이나 삽니다. 기린이 앉아서 잠을 잡니다. 야생에서는 절대로 그런 일은 없습니다. 그들은 언제 잡혀 먹힐지 모르기 때문에 앉아서 자지 못합니다. 동물원의 동물들은 죽음의 공포에서 해방되어 있다고 겐 선생님은 생각했습니다.

여러분도 상상을 해보세요. 학교에서 집에 가는 도중에 언제 맹수가 공격해서 잡혀 먹힐지 모르는 상황을 말이예요. 또 언제 하늘에서 맹금류가 초스피드로 내려와 낚아챌지도 모르는 공포를 …….

야생에서 살고 있는 동물들은 싸움 속에서 하루하루를 보내고 있습니다. 거기에서 해방된 동물들은 동물원이라는 안전한 장소에서 살고 있는 것입니다. 사람의 경우도 아프리카의 오지 등에서 생활하고 있는 사람들이 있습니다. 인간이라는 종에서 보면 그것이 본래의 모습인지도 모릅니다. 그렇다면 도시의 아파트에 살고 있는 우리들은 "불쌍한" 것일까요?

동물원에 있는 동물들을 "행복하다" 든가 "불쌍하다" 라고 판단하는 것은 우리 인간들의 잘못된 판단인지도 모릅니다. 그런 식으로 판단하기보다는 동물들이 조금이라도 "웃으며 살 수 있는" 환경을 만들어 주려는 그러한 생각이 훨씬 중요하다고 겐 선생님은 생각했습니다.

그렇게 해서 꿈은 점점 더 부풀어 갔습니다.

그러나 최악의 사태가 찾아 왔습니다. 두 번째 이야기에서 마키타 씨를 아주 좋아했던 고릴라 곤타가 갑자기 에키노콕쿠스증으로 죽었다는 이야기를 기억하고 있지요?

곤타의 죽음으로부터 1개월 후, 이번에는 암컷 여우원숭이가 죽었습니다. 역시 에키노콕쿠스증이었습니다. 에키노콕쿠스증은 북극여우 등의 대변에 들어 있는 기생충 알이 동물의 몸속에 들어가 간 등에서 증식하는 것입니다. 사람도 에키노콕쿠스증에 걸리는 경우가 있지만 손을 잘 씻으면 예방할 수 있고 사람에게서 사람으로는 감염이 되지 않습니다.

그러나 에키노콕쿠스증을 마치 전염병같이 받아들인 신문기자가 잘못된 기사를 썼던 것입니다.

"아사히산 동물원에 가면 에키노콕쿠스증에 감염된다."

이러한 소문이 퍼지자 관람객들의 숫자가 더욱 줄어들었습니다. 1996년 아사히산 동물원을 찾은 관람객의 숫자는 26만명으로 과거 최저 기록이었습니다.

"동물원은 이제 문을 닫겠습니다."

언제든지 그렇게 통보할 수 있는 상황이었습니다.

그렇게 되면 코끼리 나나짱도 하마 자브코와 곤도 어느 동물원에

팔려가거나 아니면 그냥 데려가게 하겠지요.

이렇게 슬픈 일은 없을 것입니다. 하지만 아사히카와 시가 그렇게 결정하면 동물원은 거기에 따를 수 밖에 없습니다. 모두가 나름대로의 각오를 다졌을 때 갑자기 폭풍우가 멎었습니다. 비가 멈추고 구름이 갈라지고 태양이 얼굴을 내밀었습니다.

아사히카와 시장이 바뀐 것이었습니다. 새로운 시장은 전 시장과는 사고방식이 달라 동물원의 예산을 늘리려고 했습니다.

마침 그 무렵 전 동물원장인 칸노 씨가 정년퇴직을 하고 수의사 코스게 씨가 새로운 동물원장이 되었습니다. 코스게 원장은 시장에게 불려갔습니다. 그때 도움이 된 것이 그 14장의 스케치였습니다. 코스게 원장은 시장이 깜짝 놀랄 정도로 열정적으로 이상적인 동물원에 대해서 이야기했습니다. 스케치를 보여주면서 구체적인 동물사육관을 제안했습니다.

그 결과 약 1억 엔의 새로운 예산이 내려오게 되었습니다. 드디어 아사히산 동물원에 새로운 동물사육관이 만들어지게 된 것입니다. 16년 만의 쾌거였습니다.

아홉 번째 이야기 _

바다표범관의 탄생

돈이 없는 동물원에 드디어 1억 엔의 예산이 내려왔습니다. 대형 시설을 짓는 데에는 몇 억 엔에 달하는 비용이 들기 때문에 그에 비하면 턱없이 부족한 예산이기는 하지만 모두가 간절히 바라던 소중한 돈입니다. 이 돈을 어떻게 사용할지 모두가 열띤 논의를 시작했습니다.

그리고 '14장의 스케치' 에 그려져 있던 '어린이 목장' 을 가장 먼저 짓기로 한 것입니다.

'어린이 목장' 은 아이들이 염소나 토끼 등을 직접 만지며 경험할 수 있는 미니 목장을 말합니다. 심지어 구렁이도 만질 수 있지요. 구렁이는 독이 없는 뱀이기 때문에 만져도 괜찮습니다. 미끈미끈하지만 말이죠.

지금이야 이런 시설을 흔히 볼 수 있지만 당시에는 어디서도 구경할 수 없는 진기한 곳이었기 때문에 놀러온 아이들에게는 더할 나위 없는 큰 기쁨을 주었습니다.

그 다음에는 '새 마을' 을 만들었습니다. 이 시설은 3,000제곱미터나 되는 광활한 장소에 가는 그물망을 쳐서 새들이 자유롭게 날아다닐 수 있도록 설계하였습니다. 마치 거대한 새장처럼 말이죠. 흔히 동물원에서 새들을 구경할 때는 새장 안에 들어가 있는 새를 보게 되지요. 하지만 이곳에서는 반대로 인간이 새장 안에 들어가 새들을 보게 됩니다.

이렇게 지어진 새로운 시설에 대한 호평으로 다시 예산이 책정되었습니다. 그렇게 해서 완성된 것이 14장의 스케치에도 그려져 있던 '맹수관' 입니다. 이 시설에서는 아무르호랑이나 눈표범이 엎드려 있는 풍경을 관람객들이 아래에서 올려다볼 수 있게 설계되어 있습니다. 이런 동물관을 만든 이유는 아무르호랑이와 눈표범이 야행성이기 때문입니다. 낮에는 대부분 나무나 바위 위와 같은 높은 곳에 엎드려 있기 때문이지요. 고개를 들면 표범의 탐스럽게 늘어져 있는 털가죽이 그물에 삐어져 나온 것을 볼 수 있습니다. 이것을 보는 관람객들은 그 광경에 깜짝 놀라게 되지요. 커다란 발바닥이 보이면 "어머 무서워!", "정말 굉장하군!" 하며 감탄사를 늘어놓습니다. 이것이 큰 화제를 불러일으켰습니다. 그리고 다시 예산이 책정되었습니다.

이렇게 '원숭이산', '펭귄관', '오랑우탄 공중운동장', '북극곰관' 등이 잇달아 지어졌습니다.

홋카이도에서는 "오랜만에 아사히산 동물원에 갔더니 정말 재미있었어!" 라는 입소문이 퍼지기 시작했습니다. 하지만 일본 전국에 그

명성을 떨친 것은 2,000년에 문을 연 '펭귄관' 이 계기가 되었습니다. 또 2004년에 지어진 '바다표범관' 도 화제가 되었습니다. 이것은 외국 언론에도 많이 소개되었을 정도이니까요. 여러분도 텔레비전에서 본 적이 있지요? 얼빠진 듯한 표정의 바다표범이 아크릴로 된 커다란 수조를 이리저리 유영하고 있는 모습을 말이죠.

실제로 이 둥근 수조 안을 헤엄치고 있는 바다표범의 얼굴을 바라보고 있노라면, "오늘은 어떤 관람객이 왔을까?" 또는 "안녕하세요! 헤엄치는 내 모습 정말 귀엽죠?" 하고 말을 건네는 것 같습니다. 바다표범도 흥미롭게 관람객들을 지켜보면서 헤엄치고 있다는 느낌을 받게 되지요.

몇 번을 보아도 감동적인 장면입니다.

어떻게 이렇게 재미있는 시설을 만들 수 있었던 것일까요? 이런 아이디어를 생각해낸 것은 겐 선생님입니다. 이 아이디어는 선생님이 실제로 체험한 것에서 영감을 받았습니다.

지금 아사히산 동물원에는 여덟 마리의 참깨점박이바다표범이 있습니다. 가장 나이가 많은 것은 열여덟 살의 '위' 입니다. '위' 는 이 동물원에서 태어났지만 어미가 급사하는 바람에 젖을 먹을 수가 없게 되었죠. 그래서 어쩔 수 없이 겐 선생님과 사육담당자가 인공보육을 하기로 한 것입니다.

'위' 를 꼭 잡아 팔로 안고 우유를 먹이려 하지만 '위' 는 그것이 싫은지 이내 물속으로 도망쳐 버립니다. 애완동물처럼 젖을 달라며 잘 빨아먹으면 좋겠지만 바다표범은 야생동물이다 보니 이런 모습은 꿈도 꿀 수 없는 일이지요. 다른 동물에게 잡히는 것은 곧 죽음을 의미하기 때문입니다. 잔뜩 겁에 질려 겐 선생님의 손가락을 물려고까지 한 일도 있었으니까요. 바다표범에게 물리면 사람의 손가락쯤이야 갈기갈기 찢겨버릴 정도로 강력한 힘을 자랑하지요. 물속을 헤엄치는 '위' 를 붙잡으려면 겐 선생님도 팬티 한 장 차림으로 물속으로 잠수해 들어가야 합니다. 그런데 거기서 겐 선생님은 깜짝 놀랄 만한 광경을 보게 되었습니다.

"위, 너는 물속에 들어가면 마치 다른 사람 같구나. 완전히 180도 달라지네."

땅 위에서는 잔뜩 겁에 질린 모습이지만 물속에서는 너무나 태연하고 자유로운 모습을 하고 있었기 때문이지요. 인간 따위는 상대가 되지 않습니다. 물려고 덤비지도 않고 오히려 호기심 어린 눈빛으로 다가옵니다.

왜 그럴까요?

바다표범은 수중생활이 익숙한 포유류입니다. 땅 위에서는 빠르게 움직일 수 없지만 물속에서는 거침없이 헤엄을 치지요. 땅 위에서는 힘이 없어 보이지만 물속에서는 날렵하고 기세가 등등합니다. 그래서 태도도 완전히 달라지는 것이지요.

바다표범은 평화로운 동물로 웃거나 놀라거나 얼빠진 모습을 보이는 등 풍부한 표정을 나타냅니다. 그러던 어느 날, 겐 선생님은 바다표범들의 멋진 모습을 모든 사람들에게 보여주고 싶다는 생각을 하게 되었습니다.

바다표범은 수직으로 물속으로 뛰어들거나 수직으로 뛰어오르는 습성이 있습니다. 늘 바닥에 배를 대고 늘어져 있는 땅 위의 바다표범이 아니라 물속을 신나게 헤엄치는 생기발랄한 모습을 관람객들에게 보여주고 싶다고 생각한 것이지요.

'바다표범관' 이 문을 열자 수많은 사람들이 사방에서 모여들었습니다. 바다표범이 원통의 수조 속을 유영할 때마다 "우와!" 하는 환호성이 터져 나왔습니다.

사육사 나카타 씨도 "이 시설이 만들어진 후, 바다표범들이 전보다 더 생동감이 넘치고 자유로워 보여요." 하며 기쁨을 감추지 못합니다. 아마도 수영장이 훨씬 깊어졌기 때문에 깊숙이 물속을 가르며 더 자유롭게 움직일 수 있어서 활발해 보이는 것이겠지요. 바다표범도 관람객들이 더 잘 보일 겁니다.

"관람객을 보러 오고 있어요. 휠체어를 탄 사람이 가까이 가니 신기한지 가만히 멈춰서 보고 있네요. 그래서 잘 보이는구나 하고 생각하는 것이죠."

관람객 중에는 이것을 '바다표범의 쇼' 라고 오해하는 사람이 있습니다. "내가 보러 갔을 때에는 바다표범이 원통 수조 속을 통과하지 않았어." 라며 불평을 늘어놓는 사람도 있습니다.

하지만 이것은 '쇼' 가 아닙니다. 코스게 원장과 겐 선생님, 사육전시계 사람들은 관람객들이 이 사실만은 알아주기를 바라는 마음으로 필사적인 노력을 기울이고 있습니다.*

'펭귄의 산책' 역시 '쇼' 라는 오해를 받는 것 중 하나입니다. 아사히산 동물원에서는 겨울 내내 황제펭귄들이 산책하는 모습을 관람객들에게 직접 보여주고 있습니다.

산책이란 다름 아닌 펭귄들이 동물원 안을 일렬로 뒤뚱뒤뚱 걸어다니는 것을 말합니다. 남극에 사는 야생 황제펭귄들은 먹이를 찾아 머나먼 바다까지 집단으로 이동하는 습성이 있습니다. 모두 줄을 지어 먹이를 찾아 나서는 것이지요. 그래서 눈이 소복하게 쌓인 겨울에도 동물원을 산책하는 운동을 시키고 있습니다. 이것이 펭귄들의 습성이다 보니 동물원이 휴관을 할 때도 산책은 거르는 일이 없습니다. 산책을 가고 싶어 하지 않는 펭귄이 있으면 '펭귄관' 에 두고 갑니다. 그래서 산책은 쇼의 개념이 아니라 어디까지나 습성을 이용한 펭귄들의 운동인 것이지요.

마찬가지로 바다표범도 '오늘은 헤엄치고 싶지 않아.' 하고 생각하면 암벽에서 조용히 쉬곤 합니다. 그러니까 만일 아사히산 동물원에 가서 바다표범이 원통 수조 속을 통과하지 않거든 '오늘은 헤엄치고 싶지 않은가 보구나.' 하고 생각해 주세요.

아사히산 동물원의 동물들은 어딘지 모르게 늘 웃고 있는 것처럼 보입니다. 그래서 관람객들도 덩달아 즐거워지고 자꾸만 오고 싶어지지요. 동물원을 찾는 관람객수가 자꾸 늘어나는 이유입니다.

왜 이곳 동물들은 어딘지 모르게 즐거워 보이는 걸까요?

그것은 지금은 원장이 된 코스게 수의사와 겐 선생님, 사육사 및 전시관들 전원이 어떻게 하면 동물들이 즐겁게 웃으며 지낼 수 있을까 하고 끊임없이 연구했기 때문입니다. 코스게 원장의 말에 따르면, 아사히산 동물원의 시설이 좋다고 평가받기 위해서는 3회에 걸친 테스트에 합격해야 했다고 합니다.

"가장 먼저 동물들에게 '이런 것을 생각하고 만들었는데, 어때?' 하고 물어보고 반응을 지켜봅니다. 동물들이 좋아하면 비로소 첫 번째 테스트는 합격입니다. 다음은 이론입니다. 동물학 이론이 정확히 있는지, 없는지 규명하는 것입니다. 우리는 이것이 가장 어려웠습니다. 여기에 합격해야만 합니다. 그 다음은 관람객에게 보여주는 것입니나. 관람객이 재미있어 한다면 세 번째 테스트도 합격입니다. 그래서 우리 동물원에서는 우선 동물들의 평가가 없으면 안 됩니다. 관람객보다 동물을 우선하고 있기 때문이지요."

동물원의 동물들이 생동감 있고 즐겁게 생활하기를 바라는 것은 모든 사람들의 마음에 동물에 대한 속죄와 감사의 마음이 여름의 뭉게구름처럼 끊임없이 피어오르기 때문입니다.

2004년 7월, 아사히산 동물원을 찾은 방문객 수는 약 18만 5,000명에 달했습니다. 월간 입장객수로는 우에노 동물원을 제치고 일본 전체를 통틀어 당당히 1위를 기록한 것입니다. 2005년 7, 8월에는 총 73만 명을 기록했습니다. 물론 이것 역시 일본 최고의 기록입니다. 북쪽 지방 변두리에 있는 보잘것없는 동물원이 보란 듯이 멋지게 성공을 해보인 것입니다. 물론 이것은 관람객들이 '재미있다' 고 평가해준 결과지만, 그에 앞서 동물들이 '좋은 곳', '살기 편한 곳' 이라고 인정해주었기 때문에 달성할 수 있었다고 생각합니다.

Ⅳ
웃으며 삽시다

열 번째 이야기 _

한쪽 날개를 잃은 까마귀

아사히산 동물원에는 한쪽 날개를 잃은 까마귀가 관람객들을 맞이합니다.

어느 날 교통사고를 당해 길 위에서 발버둥치는 까마귀를 동물원으로 데리고 온 것입니다. 오른쪽 날개 뼈가 부러져 예전처럼 날 수 없을 것이라고 판단되어 오른쪽 날개를 제거하는 수술을 받고 겨우 생명을 건질 수 있었습니다.

이 까마귀를 다른 동물처럼 관람객들에게 보여주려고 생각한 사람은 바로 젊은 수의사 후쿠이 씨였습니다.

동물원에는 사자나 코끼리, 펭귄처럼 귀한 야생동물이 많이 있습니다. 아무르호랑이나 오랑우탄처럼 언젠가 야생에서는 한 마리도 볼 수 없게 되지 않을까 걱정되는 동물도 있지요. 동물원은 동물들의 '보석상자' 라고 할 수 있습니다. 그런데 그런 곳에 모두가 꺼려하는 까마귀를 일부러 전시하다니, 상식적으로는 이해할 수 없는 상황입니다.

하지만 상식을 뒤엎는 것이 바로 아사히산 동물원의 놀라운 능력입니다. 사육사가 동물들을 위해 전시방법을 연구하고, 그것이 이론에 맞다면 코스게 원장이 'NO' 라고 말하는 일은 결코 없습니다. 하고 싶은 대로 할 수 있도록 적극적으로 지원해줍니다. 사육사들이 언제나 자유롭게 일할 수 있는 것은 그 덕분인지도 모릅니다. 원장은 종종 "우리 사육사들을 보여주는 것도 재미있겠어." 라고 말할 정도로 개성적인 사람들로 가득합니다. 그 대신 이론을 둘러싼 논의는 언제나 치열합니다. 납득할 수 없는 일이 생기면 한밤중에라도 원장 집으로 직접 전화를 걸어 항의하고 논쟁을 계속합니다.

수의사 후쿠이 씨도 그런 자세로 무장된 사람입니다. 후쿠이 씨는 홋카이도 대학 수의학부의 외과학 교실에서 탄탄하게 기술을 익혔습니다. 수술을 가장 잘 하는 사람이기도 합니다. 동물을 치료하는 직업은 신이 주신 '천직' 이라고 생각했습니다. 교통사고를 당한 까마귀도 후쿠이 씨의 수술 덕분에 구사일생으로 목숨을 건졌습니다.

후쿠이 씨는 이 까마귀를 크로우라고 불렀습니다. 크로우(Crow)라는 영문명으로 '고생(일본어로 苦労〈くろう〉로, 발음이 Crow와 비슷 - 역주)스러운 인생' 이라는 의미를 암시하고 있습니다. 그리고 완전히 원기를 되찾은 크로우를 보면서 생각했습니다.

'까마귀는 쓰레기를 뒤지거나 농가 사람들이 피땀 흘려 일해서 수확한 야채를 쪼아 먹기 일쑤여서 사람들이 싫어하지만, 자연이 조화를 이루며 유지되는 데 없어서는 안 되는 존재이지요. 동물의 시체를 먹어 숲을 청소해주기도 합니다. 새호리기는 까마귀가 다 쓰고 버린

둥지를 사용해서 새끼 새를 기르기도 합니다. 까마귀가 없다면 새호리기는 멸종되고 말 것입니다. 또 까마귀가 없다면 집비둘기가 너무 많아져서 생태계는 파괴될지도 모르죠.'

그래서 후쿠이 씨는 생각했습니다.

'그래, 까마귀를 전시해서 사람들에게 보여 주자.'

인간이 보지 않는 곳에서 까마귀는 다른 동물들과 함께 생태계를 유지하고 있는 '없어서는 안 되는 존재' 라는 것을 알려주고 싶은 것입니다.

그렇다면 생태계란 무엇일까요?

어렵게 들리겠지만 여기에서는 우선 아사히산의 까마귀에게 직접 물어봅시다.

"생태계라고요? 저에게도 너무 어려운 말이네요. 우리 까마귀나 인류가 나타나기 훨씬 이전부터 이 지구상을 뒤덮으며 계속해서 변화해오고 있기 때문이죠. 굉장히 복잡해서 갖가지 색의 실이 뒤엉켜 있는 덩어리를 하나하나 풀어가는 것과 같지요. 전 지구, 전 우주를 알지 못하면 설명할 수 없을 정도로 심오한 것입니다. 인간이 다 알고 있는 듯한 표정을 지어도 그것은 무리이고 우리도 모릅니다. 하지만 그 거대한 실의 한쪽 끝 정도는 말할 수 있겠지요."

그렇게 말하며 까마귀는 고개를 끄덕였습니다.

"생태계를 알기 위해서는 먼저 '어떤 장소' 가 필요합니다. 당신이 살고 있는 집 근처에 강이나 숲, 또는 산처럼 아름다운 자연이 있나요? 없다면 공원이나 숲도 좋습니다. 나무나 흙이 있고 살아있는 생물들이 있는 장소를 떠올려 보세요. 그곳에는 어떤 동물이 있나요? 어떤 나무와 풀이 자라고 있지요? 어떤 지형을 하고 있으며 어떤 물과 공기와 토양이 있나요? 우리가 떠올리는 것은 물론 아사히산의 숲입니다. 이곳에는 여우나 너구리, 매 따위가 살고 있지요. 이들이 먹는 곤충이나 개구리, 쥐, 작은 새들도 있어요. 그 곤충이나 쥐,

다람쥐들이 먹는 풀도 있지요. 우리는 이 숲에서 곤충이나 쥐의 시체를 먹고 살지만 결국 그들이 먹은 풀이나 나무 열매를 먹고 있는 셈이지요. 오늘 당신은 무엇을 먹었나요? 쇠고기를 먹었다면 그 소가 자란 홋카이도나 오스트레일리아의 목초를 먹은 것과 같은 것입니다. 그 풀이 자라기 위해서는 깨끗한 물과 공기가 필요합니다. 아사히산의 숲은 이곳에만 있는 기후와 지형이라는 환경과 미생물을 포함한 모든 생명체가 서로 관계를 맺으며 이 장소를 만들고 있지요. 당신이 떠올린 ○○강이라면 ○○강, ◎◎연못이라면 ◎◎연못은 모든 환경과 생물이 서로 얽히고 설켜 영향을 주고 받으며 그 장소를 만들고 있는 것이지요. 생태계라는 것은 '어떤 장소' 의 환경과 생물이 복잡하게 서로 얽혀있는 전체 시스템을 말합니다. 생태계가 파괴되면 우리 까마귀들은 물론 잘난 척하기 좋아하는 인간도 살아갈 수가 없게 되지요. 가령, 당신이 태아라면 생태계는 어머니의 뱃속과 같은 것이지요. 아무런 말을 안 해도 제때 영양분을 공급해주어 당신을 길러주기 때문입니다. 생태계가 건강하고 생동감이 넘치려면 다양한 생명체가 있어야 합니다. 그것이 무엇보다 필요합니다. 종류가 적으면 초라하고 빈약한 생태계가 되고 말지요. 그래서 쥐, 바퀴벌레, 민달팽이도 모두 필요합니다. 우리들도 만약 없어져 버린다면 생태계는 금방 혼란에 빠질 거예요. 그것을 잘 기억해 두세요."

그렇습니다. 까마귀도 소중한 생명체입니다.

그러한 사실을 많은 사람들에게 알리기 위해 후쿠이 씨는 까마귀를 전시하기로 결심하였습니다. 전시 장소는 하마가 살고 있는 축사

옆으로 정했습니다. 하마는 옛날부터 동물원의 인기 동물로 손꼽힙니다. 그래서 그 옆의 공간을 노린 것이지요. 동물원에서 일하는 사람들에게 모든 동물은 하나같이 소중합니다. 팬더곰과 쥐를 비교하더라도 팬더곰이 훨씬 더 멋지다고는 할 수 없습니다. 코알라와 다람쥐를 비교해도 마찬가지죠. 까마귀도 하마처럼 재미있는 동물입니다. 그것을 사람들이 알아주기를 바라는 마음인 것입니다.

그러자 극적인 일이 일어났습니다.

수많은 방문객이 오랫동안 발길을 멈추고 까마귀를 바라보게 된 것입니다. 인산인해를 이룰 정도로 많은 인기를 끌었습니다. 평소 그렇게 싫어하던 까마귀를 말입니다. 우리 주위에서 많이 날아다니는 까마귀가 손이 닿을 만한 곳에 앉아 있자 그만 넋을 잃고 바라보는 것입니다. 역시 야생동물은 인간을 매혹시키는 힘을 가지고 있다고 느꼈습니다.

관람객들은 후쿠이 씨가 직접 쓴 팻말을 읽으면서 "어머, 교통사고를 당했대." 라거나 "까마귀는 강아지보다 머리가 좋다고 쓰여 있네. 여섯 살 아이 정도의 지능이 있대." 라며 연신 감탄사를 쏟아냅니다.

그리고 까마귀라고는 하지만 생태계에는 없어서는 안 되는 존재라는 것을 알고는 잠시나마 까마귀에 대한 경외심을 갖게 되는 것입니다. 그리고는 갑자기 친밀감을 느낀 관람객들은 "안녕", "잘 지내라" 하고 인사하면서 그곳을 떠납니다.

'크로우' 는 인간이 저지른 행동으로 두 번 다시 야생으로 돌아갈 수 없게 되었지만 전시를 통해 '인간과 야생동물과의 관계' 를 생생하게 전달하는 임무를 수행하고 있는 것입니다. 관람객들이 '크로우' 를 보면서 "까마귀도 생태계에 없어서는 안 되는 존재구나." 라고 생각해준다면 그것으로 대성공입니다. 비록 '크로우' 라는 한 마리 새는 희생되었지만 까마귀라는 자신의 종족에게는 큰 일을 하고 있는 것이지요.

그렇다면 크로우는 후쿠이 씨를 어떻게 생각하고 있을까요?

"수십 미터 앞에서도 내 모습은 단번에 알아보죠. 그리고 눈이 마주친 순간, 두리번거리면서 불안해 합니다. 가까이 다가가면 이내 도망치려고 하거든요. 저를 전혀 좋아하지 않아요."

인간에게 길들여진다면 애완동물처럼 될 수 있을지도 모르지만 까마귀는 엄연히 야생동물입니다. 멋진 야생동물로서 일정한 거리를 유지하고 있습니다. 그래서 만일 '크로우' 가 울타리 밖으로 나간다

번 후쿠이 씨를 피해서 먼 곳으로 도망치겠지요.

그때 '크로우'의 마음속에는 어떤 심리가 작용하고 있는 것일까요?

이것만은 후쿠이 씨도 알지 못하는 것 같습니다. 동물들의 심리와 행동은 우리가 근접할 수 없는 수수께끼로 가득하니까요.

여기에서 잠깐 인간과 야생동물의 관계에 대해 생각해 볼까요?

지금 커다란 이슈가 되고 있는 사슴을 예로 들어 봅시다.

일본사슴은 혼슈에, 홋카이도사슴은 홋카이도에서 서식하고 있지만, 그 수가 전례가 없을 정도로 눈에 띄게 늘어났습니다. 홋카이도에서는 홋카이도사슴의 교통사고가 끊이지 않습니다. 느닷없이 사슴이 떼를 지어 도로로 뛰어들다 보니 브레이크를 밟아도 소용이 없는 것이지요. 전차와 부딪치는 일도 흔히 일어나며, 민가에까지 내려와서 농작물을 망쳐버리는 일도 있습니다.

하지만 그 이상으로 문제가 되는 것은 하나의 종만이 너무 늘어나게 되면 생태계가 파괴된다는 것입니다.

눈에 보이는 변화라고 하면 사슴이 나무껍질을 먹어치우다 보니 나무가 바짝 말라버리고 숲이 벌거숭이가 되어 버리는 것입니다. 눈에 보이지 않는 변화는 그곳의 생태계가 조금씩 파괴되어 가는 것이지요. 사슴은 주로 조릿대 등의 목초를 먹는데 한 종류가 아니라 다양한 종류의 목초를 먹습니다. 사슴이 크게 번식하면서 여러 종류의 풀을 먹어치워 버렸습니다. 그렇게 되자 그 풀을 먹던 곤충들에게 문제가 생기기 시작한 것입니다. 먹이가 사라지니 자연히 굶주리다가 죽게 되는 것이지요. 최악의 경우, 그 곤충은 지구상에서 자취를 감추게 됩니다. 그러면 그 곤충을 먹던 새도 자연스럽게 사라지고 말겠지요. 이처럼 사슴이 너무 많아지면 다양한 동물들이 엄청난 영향을 받게 되어 결국 생태계 전체의 균형이 파괴되는 것이지요.

지금 인간들이 필사적으로 "생태계를 파괴하지 말자. 생태계를 지키자" 라고 주장하는 이유는 한번 파괴된 생태계는 두 번 다시 원래의 상태로 회복시킬 수 없기 때문입니다. 또 회복시킨다고 해도 너무 오랜 시간이 걸리기 때문이지요.

그렇다면 왜 이렇게 사슴이 늘어나게 된 것일까요?

다양한 원인이 있겠지만, 인간이 산을 깎고 댐을 만들고 도로를 만들면서 녹지가 넓어진 것도 원인 중 하나라고 할 수 있습니다. 녹지에는 사슴이 좋아하는 풀이 많이 자라기 때문에 먹이가 풍부해져 여기 저기에 사슴이 늘어나게 된 것이지요. 원래 사슴은 번식력이 강한 동물입니다. 그렇다고 해도 홋카이도사슴의 엄청난 번식력은 조금 이상하다는 생각이 듭니다. 여기에는 홋카이도사슴의 천적이었던 홋카이도늑대의 멸종과도 관계가 있다고 합니다. 가축을 자주 공격한다는 이유로 홋카이도에 살고 있던 홋카이도늑대를 지속적으로 죽인 결과, 1905년에 결국 홋카이도늑대가 멸종되어 버린 것입니다. 그러자 순식간에 홋카이도사슴이 늘어나기 시작했습니다.

이 상황에서 우리는 어떤 일을 하면 좋을까요?

자연이란 본래 인간이 손을 대면 안 되는 존엄한 것입니다. 그런데 인간이 마구잡이로 손을 대며 개발을 시작했습니다. 산과 숲을 깎고 홋카이도늑대를 멸종시킨 것은 그저 빙산의 일각에 불과합니다. 그렇게 생태계의 균형이 깨지면서 홋카이도사슴이 늘어나고, 이렇게 번식한 홋카이도사슴이 숲의 나무를 모두 먹어치우는 바람에 또다시 균형이 깨지고 있는 것이지요.

그러한 이유로 후쿠이 씨는 기하급수적으로 늘어난 홋카이도사슴을 죽여서라도 그 수를 줄이지 않고서는 숲을 지키지 못할 것이라고 생각합니다. 물론 그런 일까지 하고 싶지는 않겠지요. 일반적인 상황이라면 사슴의 먹이를 조절하는 것으로 번식력을 약화시키려고 하겠지요. 하지만 그런 식으로는 도저히 생태계를 유지할 수 없을 정도로 홋카이도사슴이 늘어나 이대로 가다가는 생태계 전체가 심각한 타격을 받게 될 것이 불 보듯 뻔하기 때문입니다. 그러니 눈물을 머금고서라도 "인간이 홋카이도늑대를 대신해야 한다" 고 후쿠이 씨는 생각하고 있습니다. 애초에 인간이 자연에 손을 댄 것이 원인이고 그 탓에 이번에는 인간이 늘어난 홋카이도사슴을 죽여야 하는 상황에 직면하게 된 것입니다. 그런 의미에서 본다면 인간은 정말로 죄가 많은 존재입니다.

"생태계에 다양한 동물이 필요하지만 단 한 종류의 종족만 없으면 된다고 생각해왔습니다. 그것은 바로 인간입니다. 자연을 지키려면 인간은 없는 편이 더 낫기 때문이지요. 하지만 이 동물원에서 일하게 된 후부터 조금씩 생각이 바뀌기 시작했습니다. 인간이 없어진다고 해도 이미 자연은 회복할 수 없을 정도로 파괴되어 버렸습니다. 자연을 파괴한 인간이 그 죄를 갚기 위해서라도 지금부터는 철저하게 자연을 복구해야 합니다. 결국 인간이 지구의 건강을 지켜내야 하는 것이지요. 이를 위해서 인간은 반드시 필요한 존재라고 생각을 바꾸게 된 것입니다."

후쿠이 씨는 환경교육을 하는 장소로 동물원을 이용해서 적극적인 활동을 하리라 마음먹었습니다.

그런데 음식쓰레기가 많이 배출되면서 까마귀가 급증하자 까마귀를 제거해야 하는 상황이 벌어졌습니다. 그리고 집비둘기가 비정상적으로 늘어나자 역시 대량으로 살처분하지 않으면 안 됩니다(공원 등지에서 비둘기에게 모이를 주는 행위를 금지해야 합니다. 스스로 먹이를 찾아 먹을 수 있는 비둘기에게 먹이를 주는 것은 비둘기에 대한 실례입니다).

이런 원인의 제공자는 모두 인간입니다. 돈을 버는 일에만 몰두한 결과 생태계를 망쳐놓은 것이지요.

생태계

영어로는 에코시스템(echo system)이라고 합니다. 1935년에 영국의 텐슬리(Authur G.Tansley)라는 학자가 만든 용어로 텐슬리는 생태계를 이렇게 정의하고 있습니다. "어떤 장소의 생물과 그들의 환경을 형성하고 있는 물리적 요인의 복합체로 이루어진 복잡한 시스템."

사슴과 인간의 관계

와시타니이즈미(鷲谷いづみ)의 『생태계를 되살리다』(NHK 북스)에 자세히 기술되어 있습니다.

열한 번째 이야기 _

새호리기를 놓아주다

1999년에 한 명의 젊은 수의사가 아사히산 동물원에 부임해 왔습니다. 그 사람이 사무실에 들어서자마자 사람들은 "우와!" 하며 수근거렸고 분위기는 이내 떠들썩해졌습니다.

'뭐랄까? 고상한 분위기가 있다고 할까? 우리하고는 조금 다른 느낌이네' 하고 같은 또래의 사육전시계 사람들은 생각했습니다. 그때부터 젊은 수의사는 '왕자(prince)' 라는 별명으로 불리게 되었습니다.

사육사들은 항상 동물들을 관찰하다 보니 인간의 행동이나 표정을 보고도 순식간에 다양한 감정을 간파할 수 있습니다. '이 사람은 왜 이 방에 들어왔을까?' 라든가 '아, 화장실에 가고 싶어하는구나.' 라든가 '지금은 혼자 내버려두기를 원하는구나.' 하는 식으로 말입니다. 그 분별력은 무서울 정도로 예리합니다.

젊은 수의사 후쿠이 씨를 보자마자 즉각 '왕자' 라는 별명을 붙인 것 역시 본질을 잘 간파한 결과입니다. 그 후 후쿠이 씨는 몇 차례 우수한 논문을 써서 학회에 발표했고, 동물원의 수의사로서는 처음으로 일본수의학술 장려상을 수상했습니다. 일본야생동물의학회로부터 야생동물 전문의로서 인정받았고, 앞으로도 계속해서 학회에 논문을 발표하며 지신이 알고 있는 지식을 어린이나 학생들에게 전해주고 싶다는 포부를 가지고 있습니다. 역시 후쿠이 씨는 아사히산 동물원의 프린스였던 것입니다.

후쿠이 씨가 아사히산 동물원의 프린스라면, 사육전시계의 코그레 씨는 말하자면 목공, 그것도 대목수에 해당합니다.

게다가 최고의 센스를 자랑하는 목공이지요. 유명한 사육사였던 츠지에 씨가 "바로 그 사람" 이라 부르며 "그 사람 정말 훌륭해요." 라며 감탄했던 사람입니다.

"이 동물이 어떤 움직임을 보이는지 몸으로 이해한다면 다양한 연구가 가능합니다. 재미있는 시설을 만들어 동물들에게 좋은 환경을 제공할 수도 있지요. 그 사실을 알고는 있지만 우리는 실제로 행동으로 옮길 수 없었어요. 공사를 하는 데에는 많은 비용이 들기 때문이지요. 동물원에 돈이 없다는 것을 알고 있었기 때문에 차마 말을 꺼낼 수가 없었지요. 그런데 바로 그 사람(코그레 씨)이 직접 해버린 겁니다. 목공일도 철재 용접도 본인이 직접 해버린 것이죠. 마치 코그레 철공소를 보는 것 같았습니다."

코그레 씨는 '원숭이산' 을 담당하고 있는데, 그곳에는 유원지처럼 재미있는 기구가 잔뜩 설치되어 있습니다. 하나의 예를 들어 볼까요?

원숭이산 사육관 위에서 그릇에 가득 들어있는 먹이가 하루 또는 반나절에 걸쳐서 떨어지도록 고안된 장치가 있습니다. 타이머로 조절되고 있어 떨어지게 할 수도 있고 떨어지지 않게 할 수도 있는데 원숭이들의 심심풀이에는 안성맞춤입니다. 이름하여 '키퍼(keeper)가 필요 없는 ZOO' 로, 키퍼는 영어로 '사육사', ZOO는 동물원을 의미합니다.

야생의 일본원숭이는 깨어있는 시간의 40~60%를 먹이를 먹는 데 보냅니다. 스스로 먹이를 찾아다니고 딱딱한 껍질을 직접 벗겨 먹기 때문이지요. 그런데 동물원에서는 15분이면 식사가 끝납니다. 코그레 씨는 원숭이들의 식사시간이 가능하면 길어지도록 이리저리 구상하여 그 장치를 전부 직접 만들었습니다. '사육사가 필요 없는 동물원' 이 탄생한 배경에는 이러한 사정이 있었습니다.

"세탁기가 고장났는데 버리기는 아깝고 배수 모터는 더 사용할 수 있을 것 같아 이런 장치를 만들게 되었죠."

코그레 씨와 이야기를 나누고 있으면 끊임없이 갖가지 아이디어가 불쑥불쑥 튀어나오는 바람에 지루할 틈이 없습니다. 코그레 씨에게도 사육사라는 직업은 "천직" 이었던 것입니다. '월급을 받고 이렇게 즐겁고 좋은 일도 할 수 있다니.' 매일 설레는 마음으로 일을 했습니다.

원숭이산의 아이디어는 NPO법인 '시민 ZOO 네트워크' 가 주최한 '인리치먼트(Enrichment) 대상' 의 사육담당자 부문에서 대상을 수상했습니다. 원숭이들이 살기 좋은 환경을 조성하는 데 공헌했다는 것인데, 사실 코그레 씨는 원숭이보다 독수리나 매처럼 맹금류를 더 좋아합니다.

"원숭이는 너무 복잡해서 인간이

감당할 수 없는 부분이 있지요. 제가 한 행동이 한 마리의 원숭이에게 어떤 영향을 주고, 그 원숭이가 무리 전체에 어떤 영향을 주는지 생각하면 무슨 일을 하기가 망설여집니다. 그런 점에서 새는 포유류처럼 복잡하지 않아서 재미있고……."

자, 그럼 이번에는 새호리기의 이야기로 넘어가 볼까요? '왕자' 와 '대목공' 이 도전한 '새호리기 자연으로 돌려 보내기' 프로젝트에 관한 이야기입니다.

2004년 7월 1일 한 마리의 새호리기가 동물원에서 보호를 받았습니다. 전선에 걸렸는지 건물에 부딪쳤는지 알 수 없지만 오른쪽 발가락뼈가 부러져 더 이상 날 수 없게 된 것입니다.

깁스를 해서 완치되긴 했지만 그 후에도 적절한 재활치료가 필요했습니다. 인간도 손이나 다리가 부러지면 꾸준히 재활치료를 받아야 자유자재로 움직일 수 있게 되지요. 하늘을 나는 특별한 능력을 가진 새의 경우, 더욱 그렇습니다. 재활치료를 잘하지 않으면 하늘을 날 수 없습니다. 그 재활치료를 담당한 사람이 바로 코그레 씨였습니다. 코그레 씨는 전부터 매를 훈련시키는 기술을 배우고 싶어했습니다. 매를 훈련시키는 일이란 매를 부르면 본래의 위치로 다시 되돌아오도록 훈련하는 것을 말합니다. 소위 '매를 능숙하게 다루는 사람'이 되는 것이지요. 삿포로의 마루야마 동물원에 매를 훈련시키는 기술을 가진 사육사가 있다는 소문을 듣고, 코그레 씨는 자비를 들여 그 사람이 있는 곳으로 찾아가 훈련을 받았습니다.

2005년 6월 어느 날의 일이었습니다.

초여름의 시원한 바람이 홋카이도의 대지를 쓸고 지나갔습니다. 귀를 기울여 보니 아사히산 동물원의 뒷산에서 '호이' '호이' 하는 독특한 목소리가 들렸습니다. 코그레 씨가 새호리기를 부르는 소리였지요. 동물원에서 보호를 받던 어린 새호리기도 멋진 새가 되어 코그레 씨의 목소리에 잘 반응하게 된 것입니다. 새호리기는 코그레 씨의 팔로 돌아오면 먹이를 먹을 수 있다는 것을 알기 때문에 '호이'라는 목소리에 즉각 반응합니다. 처음에는 줄을 달아 돌아오게 하는 연습을 했지만 지금은 자유롭게 날아다닙니다. 수백 미터를 날고 있거나 숲속으로 들어가 버려도 부르면 금방 돌아올 수 있게 된 것이지요.

'이제 먹이 잡아먹는 방법을 가르쳐 주어야겠어.' 하고 코그레 씨는 생각했습니다. 새호리기의 먹이는 잠자리나 참새인데, 이들을 잡는 기술을 습득하지 않으면 자연으로 영영 돌아갈 수 없습니다.

이때 주의해야 할 것은 아사히산의 까마귀들로, 나는 것이 서투르면 까마귀의 먹이가 되기 십상입니다. 어느 정도 근육이 붙고 나는 것이 능숙해진 상태에서 먹이를 구하는 방법을 가르쳐야 합니다. 자연으로 돌아가기 위해 가장 필요한 것은 바로 하늘을 나는 힘이고, 그 다음은 사냥감을 잡는 힘입니다.

새호리기는 하루가 다르게 나는 것이 능숙해졌습니다. 후쿠이 씨와 코그레 씨는 그 모습을 보자 무척 기뻤습니다.

"하늘을 나는 모습이 너무 아름답구나!"

"이제 슬슬 잠자리나 참새 잡는 법을 가르쳐야겠어."

"처음에 보았을 때는 나는 힘이 약하고 서툴러 훈련을 시켜도 어려울 것 같았는데, 역시 재활치료의 효과는 대단하군. 이 정도면 자연으로 돌아갈 수 있겠는걸."

새호리기는 아름다운 비상을 하며 숲속으로 날아갔습니다. 그리고 '호이' 하는 소리가 들리면 상공에서 일직선을 그리며 코그레 씨의 팔로 돌아왔습니다. 팔에 묵직하게 느껴지는 새의 무게가 감동적으로 느껴집니다. 맹금류와 하나가 되면 짜릿한 환희가 몸 속 깊은 곳에서 솟구칩니다.

그러던 어느 날의 일이었습니다.

여느 때처럼 새호리기는 상공에서 멋진 비상을 즐기고 있었습니다.

'호이' '호이'

그런데 이게 웬일일까요? 새호리기가 돌아오지 않는 것입니다.

'호이' '호이'

코그레 씨는 몇 번씩이나 소리를 내서 불러보았습니다. 하지만 새호리기의 모습은 어디에도 보이지 않았습니다. 지금까지 제때 돌아오지 않은 적이 몇 번은 있었습니다. 까마귀에 쫓겨 숲속으로 도망쳐 코그레 씨가 새호리기를 찾으러 숲속으로 들어간 적이 있었으니까요.

걱정하면서 새호리기의 뒤를 쫓아 숲속을 달리는 긴장감 넘치는 그 순간을 코그레 씨는 무척 좋아했습니다. 그러다가 나뭇가지에 앉아 있는 새호리기를 발견하고는 '호이' '호이' 하고 부르면 돌아오곤 했는데, 그날은 아무리 찾아봐도 새의 자취를 발견할 수가 없었습니다. 여름의 긴 햇살도 점차 어둠의 그림자를 보이기 시작했고 숲은 이내 어두워졌습니다. 그날은 단념하고 돌아왔지만 다음날에도 그 다음날에도 새호리기는 돌아오지 않았습니다.

'혹시 까마귀에게 잡아먹힌 것일까?'

코그레 씨와 후쿠이 씨는 실망하며 어깨를 축 늘어뜨렸습니다. 자신들의 기술이 미숙했다는 것이 분명해졌기 때문이죠.

"일이 순조롭게 진행됐기 때문에 너무 자신만만하게 생각했던 것 같아요." 라고 코그레 씨가 말하자, 후쿠이 씨는 "그동안 까마귀를 잘 피해 다녔는데" 라며 분통을 터뜨렸습니다.

새호리기를 잃어버린 두 사람은 가슴에 가시가 박힌 것처럼 고통스러웠습니다. 그리고 엿새째 되던 날, 동물원 근처의 논에 움직이지 못하고 쓰러져 있는 새가 있다는 연락을 받았습니다. 지나가던 시민이 전화를 걸어온 것입니다. 허겁지겁 그곳으로 달려가 보니 그곳에 새호리기가 쓰러져 있었습니다.

코그레 씨는 즉시 새호리기를 불러 보았습니다. 그러자 완전히 기력을 잃은 새호리기가 힘든 몸짓으로 코그레 씨의 곁으로 다가오는 것이 아니겠어요? 코그레 씨도 후쿠이 씨도 '용케도 살아서 돌아왔구나!' 하고 생각했습니다. 새의 몸을 구석구석 자세히 살펴보니 특별한 외상은 없었지만 닷새 동안 먹이를 먹지 못한 탓인지 생명이 위험할 정도로 쇠약해져 있었습니다. 새를 살리기 위한 피나는 노력이 이어졌습니다. 산소호흡기를 달아주고 링거주사도 놓고 하면서 어떻게든 새호리기를 살려내고 싶었습니다. 하지만 고생한 보람도 없이 치료를 받은 지 12시간 만에 새호리기는 차가운 시체로 돌아왔습니다.

"자연으로 돌려보낸 지 엿새 만에 발견되다니 있을 수 없는 일이예요. 새호리기가 우리에게 '당신들 기술은 아직 멀었어요' 하고 알리기 위해 일부러 돌아온 것 아닐까요? 우리 앞에서 죽어버렸기 때문에 우리는 마음속 깊이 반성할 수 있었고 좀 더 성장할 수 있었으니까요." 하고 코그레 씨가 말했습니다.

보호받고 있는 새를 자연으로 돌려보내려면 고도의 기술과 긴 시간과 노력이 필요하다는 것을 절실히 깨달은 사건이었습니다.

여기에서 잠깐 하나의 장면을 상상해볼까요?

산책하는 도중에 당신은 상처입은 새를 발견했습니다. 아직 어린 새호리기입니다. 당신은 그 새를 도와주고 싶어 마을의 수의사에게 데려갔습니다. 수의사는 "맡겨두고 가세요, 괜찮아질 겁니다." 하고 말합니다. 오랜 기간 치료를 받았지만 재활치료는 하지 않은 채 당신과 수의사는 그 새를 산으로 데리고 가서 놓아주려고 합니다.

"자, 건강해졌으니 잘 가거라."

수의사가 하늘로 날려 보내자 당신이 살려놓은 새는 조금 비틀거리다가 날아갑니다. 당신은 그 모습에 감동해서 "이제는 너에게 달렸어. 힘내라" 하고 말하며 손을 흔들어 작별 인사를 합니다.

하지만 잠깐만 기다려 보세요. 새호리기는 그 후 어떻게 되었을까요?

과연 이런 행동은 훌륭하다고 말할 수 있을까요?

당신은 어떻게 생각하나요? 후쿠이 씨는 이렇게 말합니다.

"그 행위 자체는 아름다워 보일지 모르지만 생태계를 지키려는 활동에서 본다면 아무런 의미가 없다고 생각해요. 물론 가장 이상적인 것은 '동물들이 상처입지 않고, 보호받지 않는 상태' 일 것입니다. 그리고 만일 상처입은 동물이 보호를 받게 된다면 자연으로 돌아가

본래의 환경에 적응하고 번식에 이르는 데 성공해야 좋은 것이죠. 하지만 그것은 우리가 생각하는 것만큼 간단하지 않습니다. 당신이 살린 새호리기는 어차피 자연에서 도태된 새입니다. 말하자면 죽을 운명에 처해 있었던 것이죠. 그 새를 최선을 다해서 치료하고 자연으로 돌려보낸다고 해도 또다시 똑같은 운명에 처할 가능성은 상당히 높습니다. 자연이라는 것은 그만큼 무서운 것입니다. 그런 개체를 자기만족에 빠져 자연으로 돌려보내는 것은 자연을 지키는 힘으로서는 그다지 큰 의미가 없는 것이지요."

그렇다면 상처입은 새의 생명은 어떻게 해야 의미 있는 것으로 빛날 수 있을까요?

가능하면 많은 어린이들을 모이게 합니다. 그리고 이 새가 왜 상처를 입었는지 설명해 주는 것입니다. 인간이 어떻게 생태계를 파괴했는지, 그리고 앞으로 우리가 무엇을 할 수 있는지에 대해 이야기하는 겁니요. 마지막으로 "이 새에게 한 번의 기회를 더 줍시다. 이제 야생으로 되돌려 보낼 테니 여러분이 잘 보살펴 주세요." 라며 자연으로 되돌려 보내는 것이죠.

새는 비틀거리다가 숲속으로 사라져 버리겠죠. 여기에는 큰 감동이 있습니다. 아이들은 침묵 속에서 뭔가를 느끼게 될 것입니다. 자연의 위대함을 느끼게 된다면 먼 훗날 성인이 되어서도 자연을 보호하려는 마음을 간직한 채 살아갈지도 모릅니다.

"그렇게 한다면 그 새는 절대로 허무하게 죽은 것이 아닙니다. 비록 얼마 못 가서 까마귀의 먹이가 된다고 해도 그 새의 생명은 분명히 의미가 있을 것입니다."

이번에는 드넓은 창공으로 돌아간 새호리기를 어린이들 앞에서 보여줄 수가 없었습니다. 하지만 언젠가 '왕자와 대목공' 은 그러한 의미 있는 일을 해 보일 것입니다.

교통사고를 당하기도 하고 인간이 지은 건물에 부딪히기도 해서 인간 때문에 희생되는 야생동물들이 많이 있습니다. 비록 한 마리가 희생된다고 해도 생태계를 지킨다는 커다란 목적을 위해서 "그 희생을 희생으로 끝내서는 안 된다" 는 강한 신념이 두 사람에게는 있습니다.

동물원은 생태계를 잘 지켜나가려는 아이들을 육성하는 장소이기도 한 것입니다.

열두 번째 이야기 _

숲을 버린 인간들

열 번째 이야기와 열한 번째 이야기에서는 한쪽 날개를 잃은 까마귀와 새호리기를 통해 생태계에 대해 생각해 보았습니다. 여기에서는 인간을 통해 생태계를 좀 더 생각해 보도록 합시다.

코스게 원장은 어두운 구석이 조금도 없는 마치 화창하게 갠 초여름의 태양처럼 아주 밝은 사람입니다. 이런 성격은 아마도 천성적으로 타고난 것이겠지요. 그런데 그런 원장이 이런 말을 꺼냈습니다.

"가끔 이상한 불안감에 휩싸일 때가 있어요. 어릴 때부터 가끔 그랬는데, 그 불안이 대체 무엇인지 끊임없이 생각했지요."

그 불안이라는 것은 아사히산 동물원이 문을 닫게 되지 않을까, 소중한 동물이 병에 걸려 죽지 않을까 하는 구체적인 것이 아니었습니다. 더 근본적인데다 설명할 수 없는 막연한 불안이지요. 여러분도 자신도 모르는 사이에 경험한 적이 있을 겁니다. 현대인의 대부분이 가지고 있는 불안이라고 해도 과언이 아니지요.

그 '커다란 불안' 은 어디에서 오는 것일까요?

"나는 숲을 버리고 나온 것이 인간의 마음에 깊은 상처를 남겼다고 생각합니다." 라고 코스게 원장은 말합니다. 지금 우리가 안고 있는

'커다란 불안' 은 일찍이 인간이 숲을 버린 것과 깊은 연관성이 있다는 이야기지요. 그것은 대체 무슨 말일까요?

이번에는 숲을 나온 인간이 겪게 된 운명에 관한 이야기입니다. 코스게 원장이 알기 쉽게 설명해 주었습니다.

코스게 원장 - 생태계라는 용어는 모든 사람들이 이미 알고 있지요. 쉽게 말해 어느 지역에 자연이 있다고 합시다. 그곳에는 다양한 식물이 자라고 있고 동물도 있지요. 지렁이부터 곤충, 새, 원숭이, 사슴, 곰까지 그 종류는 무척 다양합니다. 그것이 "계(系)" 라는 구조가 되려면 모두가 서로 연관성을 가지고 있어야 합니다. 모든 생물은 어느 지역의 자연 속에서 다양한 동식물과 연관성을 가지고 살아가고 있지요. 그것을 생태계라고 합니다. 많은 인간들은 지금 생태계 속에서 생활하지 않지만 사실 인간도 생태계의 일부인 것이죠. 왜냐하면 인간이 먹고 있는 것은 모두 그 "생태계" 에서 얻은 것이기 때문이죠. 생명이 없는 것은 먹을 수가 없습니다. 밥을 먹을 때마다 "잘 먹겠습니다" 라고 말하는 것은 "생명을 주셔서 살아갈 수 있습니다" 라는 의미입니다. 따라서 밥을 먹을 때마다 "잘 먹겠습니다" 라고 말해 보세요. 저는 적어도 세 번은 말한답니다.

숲이 인간을 탄생시켰다는 것을 알고 있나요? 숲이 원숭이를 낳고 원숭이의 종족에서 우리 인간이 나온 것이니 인간을 탄생시킨 것은 바로 숲인 셈이죠. 우리 머릿속의 사상이나 감정부터, 기호나 제6감까지 모든 것은 숲속에서 살아가는 데 유익하게 작용하도록 고안된 것입니다.

가령, 함께 캠핑을 하던 당신의 친구가 "오늘은 왠지 강에 가기가 싫은데. 이상한 기분이 들어." 하고 말한다면 당신은 순간적으로 "그만둬, 가지마! 가지 않는 게 좋겠어." 라고 만류할 지도 모릅니다. 왜 그럴까요? 당신은 제6감을 작동시켜 '강에 가면 위험하다' 는 신호를 감지했기 때문입니다. 그런 위험신호는 무척 직감적인 것이지요. 아마도 우리가 숲에 살았을 때부터 줄곧 이어져 온 것으로 뭔가 '위험하다' 는 것을 간파해서 마음속에서 알려주고 있는 것입니다. 이런 능력을 동물들은 모두 가지고 있습니다. 그것은 굉장한 능력입니다. 모두 독자적인 직감을 작동시켜 위험을 훌륭하게 감지하고 있기 때문이지요.

인간도 그런 식으로 생태계 속에서 살아왔습니다. 하지만 어느 날 숲을 떠나버렸습니다. 숲을 버리고 나온 것이지요.

왜 숲을 나오게 되었을까요? 아무도 본 적이 없는 오래전 이야기다보니 그 이유는 알 수가 없습니다. 숲속에서 다른 동물들에게 자주 괴롭힘을 당하다보니 더 이상 살기 어려워진 것인지도 모릅니다. 아니면 숲속보다 초원이 훨씬 살기 편했는지도 모르지요. 일반적으로 동물들은 자신이 잘 살고 있는 곳에서 다른 곳으로 이동해 가는 일은 없습니다. 하지만 인간에게는 그렇게 할 수 밖에 없었던 어떤 사정이 있었던 것이 아닐까요? 그래서 결과적으로 숲을 버리고 나오게 된 것이 아닐까요? 자신의 의지로 숲을 떠난 것이 아니라 어쩔 수 없는 사정으로 우연히 숲을 떠나 초원으로 나오게 되었고, 의외로 잘 적응할 수 있는 환경이 그곳에 펼쳐져 있었던 게 아닐까요? 하지만 그 덕분에 인간이 커다란 가능성을 얻은 것은 확실합니다.

숲을 버린 인간은 어느덧 직립보행을 하게 되었고 도구도 사용하게 되었으며 불까지 사용하게 되었습니다. 인간은 지속적으로 진화하기 시작해 그 수도 놀라울 정도로 늘어났습니다. 생태계 속에서 다른 동물과 서로 간섭하지 않고 조심스럽게 생활하는 것이 아니라 다른 동물들을 적으로 삼거나 지배하면서 자신들만 발전해온 것이지요. "우리는 동물을 적으로 삼지 않았어요." 라고 강변할지도 모릅니다. 하지만 코스게 원장은 자기도 모르는 사이에 동물을 적이라고 생각하고 있다고 주장합니다.

원장 코스게 - 예를 들어 계곡낚시를 갔던 사람이 곰을 만나 큰 상처를 입었다고 합시다. 그는 분명히 "곰의 습격을 받았어." 하고 말할 것입니다. 우리는 그 말이 조금도 이상하게 들리지 않겠지만 곰의 입장에서 보면, "우리가 사는 곳에 오지 말라고 그렇게 말했는데도 마음대로 들어오니 우리도 무서워서 어쩔 수가 없었어. 당장 나가줘!" 라는 의미의 행동일 뿐인데도 인간들은 마치 사자가 얼룩말을 무참히 공격한 것처럼 말하지요.

사실은 '낚시를 간 A 씨가 곰으로부터 "이런 숲속까지 오지 마. 나가줘" 라는 말을 들었다' 는 것이 정확한 표현일 겁니다. 습격을 당한 것이 아니라 '나가 줘' 라는 말을 들은 것이지요. 그러니 결국, 곰의 성지에 인간이 들어가면 안 되는 거지요.

그렇다면 야생동물과 인간은 어떻게 함께 살아가는 것이 좋을까요? 이것은 아주 중요한 문제이니 잘 기억해 두세요.

인간은 숲을 나와 인간만의 사회를 만들었습니다. 이제 더 이상 곰이나 원숭이와는 함께 살아갈 수 없게 된 것이지요. 그래서 여기서부터 이만큼은 인간의 세계, 여기서부터 저만큼은 동물의 세계로 구분할 필요가 생겼습니다. 그리고 그 중간에 인간의 세계도 동물의 세계도 아닌 지대를 만든 것이지요.

하지만 동물이 그 중간지대에 들어간다면 "인간은 무서워요" 라고 말하는 것을 가르쳐야 합니다. 인간도 동물 세계에 무턱대고 들어가서는 안 됩니다. 그런데 지금은 그 규칙이 지켜지지 않고 있는 것이지요.

그렇다면 어떻게 하는 것이 좋을까요? 동물들에게도 이 규칙을 분명히 알릴 필요가 있습니다. 중간지대까지 나와 불행하게 인간과 맞닥뜨린다면 총격을 당하게 된다는 것을 가르쳐야 합니다. 동물은 분명히 알고 있습니다. 가엾다고 죽이지 않거나 귀엽다며 먹이를 주면 점차 인간의 세계로 들어오게 됩니다. 하지만 '위험하다' 는 것을 알면 자신들의 세계에서 더 이상 나오지 않게 되지요. 그 대신 인간도 동물이 중심이 되어 살아가는 장소에는 '가지 않기' 로 확실하게 정해야 합니다. 곰이 살고 있는 곳에서 계곡낚시를 하다니 당치도 않은 일입니다. 곰에게 큰 실례가 되는 일이니까요.

인간은 동물의 세계에 함부로 들어가 마구잡이로 개발하지 말아야 합니다. 그렇게 되면 인간과 동물은 함께 살 수 있다고 생각합니다. 함께 산다고 해서 모두가 사이좋게 살아가는 것으로 생각하겠지만 전혀 그렇지 않습니다. 정확한 규칙을 만들어 서로가 간섭하지 않고 살아가는 것이 중요합니다.

자, 이제부터가 본론입니다. 우리 현대인이 안고 있는 '커다란 불안' 은 어디에서 오는 것일까요? 숲을 떠난 인간은 환경에 적응하며 커다란 가능성을 손에 넣었습니다. 농업과 목축을 익혀 마침내 기계 문명을 탄생시켰습니다. 하지만 마음의 문제라는 측면에서 보면 숲을 버림으로써 '심각한 상처를 입고 말았다' 고 코스게 원장은 주장합니다. 요컨대, 우리의 감정이나 마음속에는 숲속생활에 적응하며 살던 시절부터 계속 이어지고 있는 것이 있다는 것입니다.

코스게 원장 - 많은 동물들과의 네트워크 속에 있으면 안정감을 얻을 수 있습니다. 숲을 나와 인간은 지속적인 발전을 이루었습니다. 하지만 마음의 문제로 본다면 숲을 나옴으로써 우리의 마음은 상처를 입었습니다. 그 상처는 인간사회에서는 치유되지 않는 것이지요. 그곳에는 다양한 생물의 네트워크가 없습니다. 인간은 주위의 동물을 적으로 삼고 자신들만의 사회를 만들어 버렸기 때문이지요.

그렇다면 언제 안정감을 얻을 수 있을까요? 그것은 자연 속으로 들어간 바로 그 순간, 벌레나 새, 동물들과 관계를 맺는 그 순간이라고 말할 수 있습니다.

산에 오르면 기분이 좋아집니다. 넓은 바다를 보면 가슴이 설렙니다. 초원에 누워 마냥 뒹굴고 있다고 돈을 벌 수 있는 것도 아니고 뭔가가 생기지도 않습니다. 하지만 마음은 그보다 훨씬 큰 기쁨으로 충만해집니다. 왜 그럴까요? 옛날 아주 먼 옛날, 우리의 조상이 그렇게 살았기 때문이지요. 생태계 속에서 그물망처럼 서로 연결되어 생활했던 것입니다. 그런데 우리 뇌속의 어느 부분이 이것을 기억하고 있는 것이지요.

사실 기억이라는 것은 자신이 태어나서 지금까지 있었던 다양한 일을 뇌가 잊지 않고 있는 것이지만, 뇌의 깊고 깊은 곳에는 숲속에서 살던 시절의 '기억' 이 희미하게 남아 있습니다. 이것은 기억이 유전된다는 이야기가 아닙니다. 숲속의 생활에 적응하며 살던 시절의 따뜻했던 감정이 남아 있다는 말입니다.

지구상에서 가장 오래된 생명체가 탄생한 것은 38억 년 전의 일입니다. 인간의 역사는 지금으로부터 700만 년 전으로 거슬러 올라갑니다. 700만 년 전의 원숭이에서 최초로 분화된 인간의 화석이 아프리카에서 발견되었기 때문이지요. 즉, 그때부터 우리가 사는 지금까지 생명이 이어져 오고 있는 것입니다. 당신이 사는 곳에도 이어져 오고 있습니다. 까마득히 먼 옛날의 '기억', 다시 말해 먼 옛날의 마음 상태가 지금의 우리에게도 이어져 오고 있는 것입니다.

모든 생명체는 오랜 옛날부터 어떤 불평도 없이 생태계를 유지하기 위해 자신을 변화시키며 전체적인 조화를 이루어 왔습니다. 그럼에도 불구하고 오늘날의 인간은 정반대의 일을 하고 있습니다. 인간만의 사회를 만들고, 뛰쳐나온 숲속에까지 다시 들어가 생태계를 파괴하고 있는 것입니다. 이것은 당연히 과거의 '기억' 과는 정반대되는 일이지요. 지금 자신들이 하고 있는 일과 과거의 '기억' 간에는 커다란 단절이 존재합니다. 이것이 우리가 겪고 있는 '커다란 불안'의 정체라고 나는 생각합니다.

만일 당신이 아직까지 한번도 동물원에 가본 적이 없다면 꼭 한번 가 보십시오. 그리고 한 번이라도 가본 적이 있다면 다시 한 번 찾아가 보세요. 그리고 동물들의 네트워크와 연결되는 순간을 직접 느껴보십시오. 그때 당신의 얼굴은 밝게 웃고 있을 겁니다. 활짝 웃는 얼굴로 말이지요.

사실 우리 인간은 다양한 동물들과 함께 살고 싶어 합니다. 하지만 인간은 숲을 버리고 주위의 동물을 모두 적으로 만들어 버렸습니다. "곰아, 함께 놀자" 라고 해도 할 수가 없습니다.

동물원의 가장 중요한 역할은 방문한 사람들을 웃고 즐겁게 하는 일이 아닐까요? 그렇게 된다면 숲을 버린 인간의 마음의 상처는 아주 조금이라도 치유될지도 모릅니다. 불안이 적어지고 마음이 평화로워질 테니까요. 그렇게 되기를 진심으로 희망합니다.

동물원이나 숲속에 가면 기분이 좋아지지만, 가장 이상적인 것은 자신이 살고 있는 곳에서 다양한 동물들과 어울려 보는 것입니다.

그러면 마음은 안정을 되찾게 되지요. 지금 도시는 빌딩에 둘러싸여 있지만 빌딩이 적어지고 자연이 다시 우리에게 돌아온다면 얼마나 좋을까요? 자연을 되찾는다면 동식물은 자연스럽게 찾아올 것입니다. 잠자리가 찾아오고 남쪽이나 북쪽 나라에서 철새가 날아올 것입니다. 새가 열매를 나르고 예쁜 꽃이 피어나겠지요. 인간의 생활은 조금 불편해질지 모르지만 여러분은 저절로 미소짓게 될 것입니다. 이렇게 동식물의 네트워크를 몸소 느끼면서 살 수 있다면 얼마나 좋을까요? 그렇게 된다면 정말로 살기 좋은 나라가 될 것입니다.

후기

예전에 어느 잡지에서 굉장히 인상적인 이야기를 읽은 적이 있습니다. 그것은 어느 대학 교수와 육아에 시달리는 어머니에 관한 이야기였습니다. 그 선생님은 육아 상담을 하러 아이 엄마가 찾아오면 "동물원에 다녀오세요."라고 말한다고 합니다. 어머니들은 이상하게 생각하지만 선생님은 "동물들이 어떤 모습으로 새끼를 기르고 있는지 자세히 관찰해 보세요."라는 말만 하고 이들을 돌려보낸다는 겁니다.

과연 그렇게 한다고 육아에 대한 고민이 사라질까? 저는 고개를 갸우뚱하였습니다.

동물원에서 원숭이를 보고 온 한 어머니는 "원숭이의 어미는 새끼를 그저 안아주거나 업어주거나 털을 다듬어 주기만 하고 있던데요." 하고 선생님에게 말했습니다. 하지만 사실 그것이 가장 중요하다고 선생님은 주장합니다. 동물들은 몇 살부터 피아노를 시작하면 좋은지, 어느 유치원에 가면 좋은지 그런 것은 전혀 생각하지 않습니다. 그저 안아주거나 업어주거나 핥아주거나 이를 잡아줄 뿐이지요. 어린 아이가 원하는 것은 좋은 학교에 들어가는 것보다 엄마의 품에 안겨 사랑을 듬뿍 받고 싶고 끝없는 보살핌을 받고 싶은 것이 아닐까요? 요즘 어머니에게는 그것이 부족하다고 선생님은 말하는 것입니다.

그 후 원숭이를 보고 온 어머니는 목욕을 할 때마다 아이의 몸을 구석구석 정성껏 씻겨주게 되었습니다. 원숭이가 새끼의 털을 다듬고 있던 모습을 흉내낸 것입니다. 아마도 그 어머니의 아이는 굉장히 행복했을 것입니다.

그 이야기를 읽고, '과연! 그렇구나' 하며 동감하게 되었지요. 동물원에는 동물인 우리 인간들의 원점이 있는 것처럼 느껴졌기 때문입니다.

2004년 12월의 어느 날, 저는 홋카이도의 아사히카와에 있었습니다. 그날 밤, 도쿄로 돌아가기로 되어 있었는데 비행기가 출발할 때까지 시간이 남아 있어, 아사히산 동물원에 가보기로 하였습니다. 아사히카와역에서 버스로 30분 정도 걸리는 곳에 동물원이 있었습니다. 그때 처음으로 아사히산 동물원은 아사히산이라는 작은 산의 언덕길에 자리잡고 있다는 사실을 알게 되었습니다. 동물원 안은 눈으로 뒤덮여 있어 추웠지만 기분좋은 바람이 불고 있었습니다. 저는 정신없이 '바다표범관', '맹수관', '북극곰관' 을 보면서 걸었습니다.

'재미있구나!'

몇 번이나 중얼거리면서 저는 제 마음 속 깊은 곳 어딘가가 강렬하게 흔들리는 것을 느꼈습니다. 밝은 얼굴을 한 눈표범, 건강해 보이는 곰, 애교가 넘치는 참깨점박이바다표범 등 동물원의 동물들이 이렇게 '건강하고 밝은 얼굴' 을 하고 있다니! 저는 솔직히 큰 감동을 받았습니다.

그것은 육아에 시달리는 어머니가 동물의 양육 모습을 보고 '어머나!' 하며 놀라움을 금치 못했던 것처럼 저도 깜짝 놀랐습니다. 동물들이 '건강하고 밝은 얼굴' 을 하고 있으니 저도 싱글벙글 즐거워졌고, 동물들의 그러한 모습은 저를 굉장히 행복하게 만들었습니다.

동물들에게 생동감이 넘치는 것은 분명히 동물원의 환경이 좋기 때문입니다. 환경이 좋은 것은 이곳에서 일하는 사람들이 동물들에게 애정을 듬뿍 쏟고 있기 때문이라고 생각했습니다. 저는 그 즉시 사무실로 가서 이곳 이야기를 들어보고 싶다고 부탁했습니다. 그러자 코스게마사오 원장님은 흔쾌히 원장실로 안내해주었지요. 당시에는 아사히산 동물원이 인기를 끌기 전이었기 때문에 원장님에게도 다소 여유가 있었다고는 하지만 아무튼 제가 운이 좋았던 것 같습니다.

원장님은 저에게 '고쿠와 키보' 에 관한 이야기와 '태양을 응시한 타조' 에 관한 이야기를 들려주었습니다. 그리고 이런 말을 했습니다.

"'우물 안 개구리, 넓은 바다를 모른다.' 라는 말이 있지요?"

"네." 그 의미는 '우물 안에 사는 개구리는 넓은 바다를 알지 못한다. 즉, 좁은 생각에 사로잡혀 독선적이 된다.' 는 말입니다.

"그런데 여기에는 뒷이야기가 있어요. '우물 안 개구리 넓은 바다를 모른다. 하지만 천공의 높이를 알고 있다.' 우리 역시 북쪽 지방의 변두리, 홋카이도의 아사히카와에 살고 있으니 우물 안 개구리일지도 모릅니다. 하지만 우물 안에서 높은 하늘을 올려다 보면 그 넓이는 알지 못해도 사물의 깊이는 알 수 있지요. 우리는 오랫동안 '동물들에게 무엇이 좋을까?' 그것만을 연구해 왔습니다."

우물 안 개구리, 넓은 바다를 모른다.
하지만 천공의 높이를 알고 있다.

원장님을 비롯해 동물원에서 일하는 사람들 모두가 '동물에게 무엇이 좋을까?' 하고 끊임없이 연구한 결과가 눈표범과 홋카이도불곰, 참깨점박이바다표범의 '건강하고 밝은 얼굴' 이었던 것입니다.

이런 멋진 동물원이 북쪽 지방 변두리에 있다니! 원장님의 재미있는 이야기는 저 혼자서만이 아니라 여러 사람들과 함께 나누고 싶어졌습니다. 그것이 바로 이 책을 쓰게 된 동기입니다. 그리고 동물원에서 일하는 사람들에게 많은 이야기를 들으며 다양한 것을 배울 수 있었습니다.

* 야생동물은 애완동물이나 가축과는 다르다는 것
* 동물의 세계에 인간이 함부로 들어가서는 안 된다는 것
* 인간에게 유리한 해석으로 동물을 다 알고 있는 것처럼 생각해서는 안 된다는 것
* 동물원에는 몇 가지 중요한 역할이 있다는 것. 그것은 첫째, 관람객을 즐겁게 해야 하고, 둘째, 멸종 위기에 처한 동물의 종을 지켜야 하며, 셋째, 동물을 학문적으로 연구하고, 넷째, 생태계 유지를 목표로 환경교육의 장을 제공해야 한다는 것

이것은 결국 야생동물이란 무엇인가, 인간이란 무엇인가, 생태계란

무엇인가라는 중요한 문제의 출발점이라는 이야기였습니다.

그리고 동물이 곁에 있으면 저도 모르게 즐거워지는 제 자신을 발견하게 되었습니다. 다양한 동물들과 지구상에 함께 살고 싶다는 것도 말이지요.

아사히산 동물원의 모든 분들께 진심으로 감사의 말씀을 드립니다. 코스게마사오 원장님, 수의사 반도겐 씨, 후쿠이다이스케 씨, 사육전시계 마키타유이치로 씨, 후카사카츠토메 씨, 다카하시히사오 씨, 나카타신이치 씨, 아메치기 씨, 타카하시노부히로 씨, 코그레류스케 씨, 하타케야마준 씨, 마루카즈노부 씨, 오쿠야마히데토 씨, 오우치아키히라 씨, 임시 직원 사가신이치 씨, 츠지에켄지 씨, 스기무라나오미 씨, 미나미카와토모미 씨, 와타나베이즈미 씨, 홍보 담당인 야마자키데츠오 씨에게 깊은 감사와 존경의 마음을 표합니다.

또 아베히로시 씨가 삽화를 그려주신 것은 제가 너무 원했던 일이었습니다. 그 간절한 소망을 들어주신 아베 씨에게 마음속 깊이 감사의 말씀을 드립니다. 그리고 'NPO법인 아사히산 동물원 클럽' 대표인 타다히로미 씨에게는 애정이 담긴 사진을 받았습니다. 정말로 감사드립니다.

또 카도카와학예출판의 아오키세이이치로 씨와 편집부의 이토겐지 씨와 함께 아사히산 동물원에 가서 '좋은 책을 만들자' 며 함께 상의했던 적도 있었습니다. 아오키 씨는 오랑우탄 책의 팬으로 만날 때마다 '아사히산 동물원은 마음의 고향' 이라고 말합니다. 진심으로 감사하다는 말씀을 전합니다.

이처럼 많은 분들의 도움을 받아 이 책은 완성되었습니다.

지구상에서 동물들과 더불어 살아가고 싶다면 그들의 생활에 간섭하지 말아야 한다는 것을 마음 속 깊이 새기며 살아갈 생각입니다.

2005년 9월

하마나츠코(浜 なつ子)

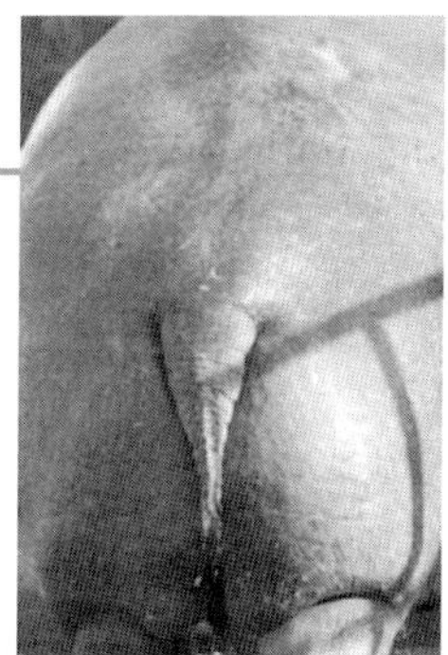

북쪽 동물원에서 들은 12가지 이야기

저　　자 : Natuko Hama 글 / Hiroshi Abe 그림
역　　자 : 김양래
발 행 인 : 김정찬
발 행 처 : 도서출판 정담
서울시 송파구 가락동 13-10번지
발 행 일 : 2012년 10월 25일 초판 발행

출판등록 : 제22-135호
전　　화 : 02-430-7370 / 443-2683
F A X : 02-430-7371
I S B N : 978-89-8085-486-8 43830
정　　가 : 12,000원